COLLECTION **STHR**

2e STHR

Économie et gestion hôtelière

1re édition

Sous la direction de Pierre Villemain
IA-IPR d'économie-gestion et hôtellerie
Académies de Nancy-Metz et Strasbourg

Marie-Claire Auffray
Professeure certifiée d'économie-gestion
Lycée hôtelier Guillaume Tirel, Paris

Anne Baudriller
Professeure agrégée d'économie-gestion
Lycée Yvon Bourges, Dinard

Claire Guillaume
Professeure certifiée d'économie-gestion
Lycée Stanislas, Villers-lès-Nancy

Audrey Haffner
Professeure certifiée d'économie-gestion
Lycée Jean Rostand, Strasbourg

Sandrine Martins Do Vale
Professeure certifiée d'économie-gestion
Lycée hôtelier Alexandre Dumas, Illkirch-Graffenstaden

Jean-François Petit
Professeur certifié d'économie-gestion
Lycée hôtelier Raymond Mondon, Metz

Sabine Rocher
Professeure agrégée d'économie-gestion
Lycée Alfred Kastler, Talence

Nathan
TECHNIQUE

ISBN : 978-2-09-167634-0

Avec ce livre, une licence i-MANUEL 2.0

Le i-Manuel 2.0, un outil simple d'utilisation qui reprend l'ensemble des contenus de ce livre sous forme numérique et interactive.

Il permet d'accéder au contenu de ce manuel à tout moment et en tout lieu sur un ordinateur ou une tablette. L'utilisateur peut donc passer du papier au numérique et choisir le support qui lui convient le mieux selon le travail à faire et le lieu où il se trouve.

Une véritable interactivité entre l'enseignant et sa classe

- **Vidéoprojeter** en classe les activités, les documents et les corrections pour animer les cours et travailler collectivement.
- N **Feuilleter le livre papier enrichi et le télécharger** pour un usage sans connexion.
- N Bénéficier d'**une banque de ressources.**
- **Piloter la classe** en assurant le suivi du travail des élèves à distance et en cours (recevoir et envoyer du travail, faire des commentaires, intervenir en temps réel).
- **Intégrer et envoyer à la classe**, à un ou plusieurs élèves, **des documents personnels**.
- **Afficher les corrigés** ou la correction individuelle du travail de l'élève.
- **Imprimer** les documents nécessaires pour mettre les élèves en **situation d'examen**.

Des fonctionnalités innovantes pour favoriser l'intérêt, la motivation et l'implication des élèves

- **Saisir les réponses** en travaillant sur ordinateur ou tablette.
- **Faire les activités et les exercices**, préparer ou réviser le cours **en classe ou à la maison**.
- **Accéder** aux **ressources numériques**, vidéos, fichiers élèves (Word, Excel, GeoGebra...).
- **Sauvegarder** au **format Word** le travail effectué dans un dossier (classeur).
- **Envoyer le travail** au professeur.
- **S'enregistrer** pour les activités orales.
- **S'auto-évaluer**.

Toutes les infos et les tutos sur www.nathan.fr/i-manuel2

Avec ce livre, des ressources numériques en accès direct

Flashez les QR Codes avec votre smartphone ou saisissez les mini-liens associés pour accéder à des vidéos, animations, QCM...

Préface

Le baccalauréat technologique Sciences et Technologies de l'Hôtellerie et de la Restauration (STHR) offre, dès la classe de seconde générale et technologique qui lui est dédiée, la possibilité d'acquérir progressivement le socle de connaissances et de compétences nécessaire à une poursuite d'études réussie, notamment en brevet de technicien supérieur Management en Hôtellerie-Restauration (MHR), et ce quelle que soit la spécialité.

La prise en compte des considérations liées à la santé, à la sécurité ou encore au développement durable engendre des besoins nouveaux en termes de compétences auxquels il nous faut répondre. Ce contexte plaide en faveur de formations qui soient en capacité d'accompagner ces mutations technologiques, économiques et sociétales afin d'élever le niveau de qualification des élèves.

Les contenus d'enseignement des trois années du parcours STHR se veulent ainsi en phase avec les évolutions récentes du secteur, mais aussi avec la nécessité de former un citoyen responsable appelé à s'insérer dans un monde professionnel complexe et évolutif.

C'est tout l'enjeu des programmes de la série technologique STHR que de doter les élèves, dès la classe de seconde, d'une solide culture générale et de connaissances de base dans les divers champs technologiques dédiés à l'hôtellerie et à la restauration, que ce soit avec les Sciences et Technologies Culinaires (STC), les Sciences et Technologies des Services (STS) ou encore l'Économie et la Gestion Hôtelière (EGH).

Avec cet ouvrage consacré au programme d'économie et gestion hôtelière de la classe de seconde, les auteurs – tous enseignants expérimentés – entendent illustrer la diversité des choix didactiques et pédagogiques qui s'offrent aux équipes en convoquant une vision riche des problématiques des entreprises du secteur de l'hôtellerie-restauration destinée à donner du sens aux apprentissages.

Tout en préservant leur liberté pédagogique, cet ouvrage constitue une aide précieuse pour tous les enseignants, qui y trouveront de nombreuses possibilités de différenciation pédagogique et de synthèses notionnelles, gage d'une formation de qualité.

Michel LUGNIER
Inspecteur général de l'Éducation,
du Sport et de la Recherche
En charge de la filière hôtellerie-restauration

Sommaire

1 Quelles sont les entreprises du secteur de l'hôtellerie et de la restauration ?

CAPACITÉS
- Identifier un ou plusieurs critères de classification.
- Repérer les caractéristiques des entreprises du secteur de l'hôtellerie-restauration.
- Distinguer personne physique et personne morale.

NOTIONS
- Les différents critères de classement des entreprises (TPE, PME et GE, privée/publique, indépendante/chaîne, nationale/internationale, industrielle/commerciale)
- Personnalité juridique, entreprise individuelle/société

Antoine et Lucie commandent leur déjeuner chez Fred, le food truck installé ce jeudi dans le parc près de leur bureau.

....

....

Anne déjeune au restaurant de son entreprise, une grande banque parisienne (1 200 couverts).

....

....

Arthur déjeune au self-service du restaurant scolaire de son lycée (900 couverts).

....

....

Hakim a réservé une chambre dans un hôtel de chaîne.

....

....

Préciser, sous chaque entreprise d'hôtellerie-restauration représentée, s'il s'agit d'une petite (moins de 10 salariés), d'une moyenne ou d'une grande entreprise, et si celle-ci est privée ou publique.

SITUATION

Vous souhaitez mieux connaître les entreprises de l'hôtellerie-restauration afin de commencer à préparer votre projet professionnel et les études correspondantes.

SITUATION 1
Les chiffres clés du secteur de l'hôtellerie-restauration

DOCUMENT 1 **Données extraites du site de l'Union des métiers et des industries de l'hôtellerie (UMIH)**

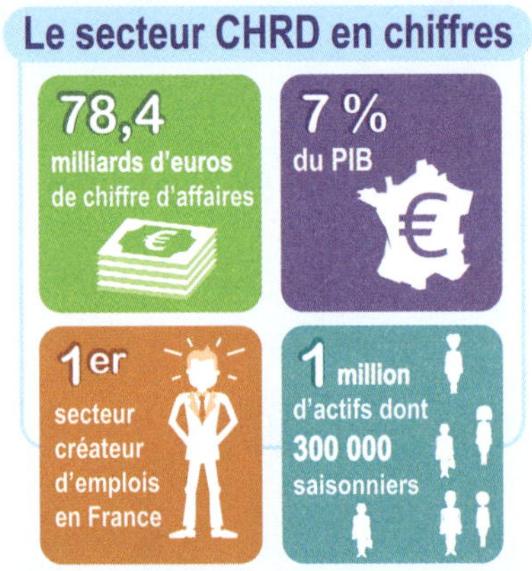

Pour mieux comprendre :
– le chiffre d'affaires est le montant des ventes réalisées par une entreprise pour une période donnée, à ne pas confondre avec le résultat qui est obtenu en déduisant du chiffre d'affaires les charges ;
– le PIB (produit intérieur brut) représente la somme des valeurs créées dans un pays pour une période donnée ;
– les saisonniers sont des salariés d'une entreprise qui sont embauchés pour une durée déterminée, en général une saison (l'hiver à la montagne ou l'été en bord de mer, par exemple) ;
– l'UMIH est une organisation patronale qui regroupe les chefs d'entreprise du secteur CHRD (cafés, hôtels, restaurants, discothèques).

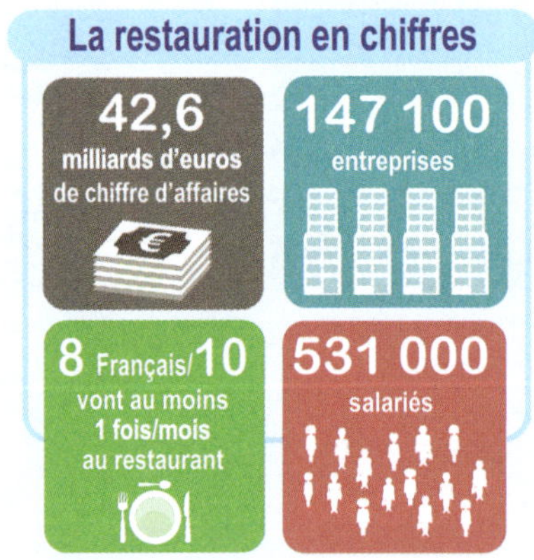

Le secteur de l'hôtellerie-restauration recouvre 4 familles d'activités :
– l'hébergement (hôtels, gîtes, campings...) ;
– la restauration commerciale (restauration traditionnelle, cafétérias et restauration rapide) ;
– la restauration collective ;
– les débits de boissons et cafés, les discothèques.

Au regard d'une partie de leur activité, d'autres branches peuvent être rattachées au secteur de l'hôtellerie-restauration : les traiteurs, les instituts de thalassothérapie, les bowlings et les casinos.

Données d'après l'UMIH

1 **Calculer le nombre total d'entreprises du secteur CHRD.**

....

2 **Préciser le pourcentage des entreprises du secteur CHRD :**

- **ayant pour activité principale l'hôtellerie :** ....
- **ayant pour activité principale la restauration :** ....
- **qui sont des cafés :** ....

3 **Que peut-on en conclure ?**

....

....

4 Compléter le tableau suivant.

Activités	Exemples d'entreprises locales	Exemples d'entreprises nationales
Hébergement	....	....
Restauration commerciale	....	....
Restauration collective	....	....
Débits de boissons et cafés, discothèques	....	....

SITUATION 2
Les spécificités du secteur de l'hôtellerie-restauration

DOCUMENT 2 **8 caractéristiques essentielles**

• **6e employeur en France:** le secteur emploie 3 % de l'ensemble des salariés de France, c'est le 6e employeur derrière le commerce, le transport/logistique, la construction, le secteur de la finance et de l'assurance et l'information communication.

• **960 000 actifs:** 740 000 salariés et 220 000 non-salariés travaillent dans le secteur de l'hôtellerie-restauration. Parmi les salariés, 360 000 ont été embauchés dans la restauration traditionnelle, 173 000 dans les hôtels et restaurants et 110 300 dans la restauration collective.

• **200 000 entreprises** ont comme activité principale l'hôtellerie et/ou la restauration : on compte 112 000 restaurants, 39 000 entreprises d'hôtellerie et d'hébergement touristique, 41 000 cafés et 4 000 agences de voyages.

• **9 entreprises sur 10 sont des TPE:** 30 000 nouvelles entreprises ont été créées dans l'hôtellerie-restauration en 2017, soit 5 % du total des créations d'entreprises en France. Seules 4% de ces nouvelles entreprises emploient au moins un salarié au moment de sa création.

• **20 % des professionnels du secteur sont en Île-de-France:** en deuxième et troisième positions, l'Auvergne-Rhône-Alpes avec 13,4 % et PACA, 10,2 %. À elles trois, ces régions rassemblent donc la moitié des professionnels du secteur.

• **300 000 postes saisonniers en été:** le secteur embauche également 100 000 postes saisonniers en hiver, soit, pour la France entière, 19 % des effectifs en été et 6 % en hiver.

• **47 % de femmes:** le secteur affiche une légère majorité d'hommes avec des différences accentuées selon le type d'établissement. Dans les cafétérias, 68 % des salariés sont des femmes alors que dans les casinos, 59 % des salariés sont des hommes.

D'après Stéphanie Davalo, RegionsJob, 8 avril 2019.

1 Quelle est la part des non-salariés en hôtellerie-restauration ?

....

2 Que peut-on en conclure ?

....

....

3 Quelle est la taille moyenne d'une entreprise d'hôtellerie-restauration ? Justifier la réponse.

....

I. Les entreprises du secteur de l'hôtellerie-restauration

1 La notion d'entreprise

L'Institut national de la statistique et des études économiques (Insee) définit l'entreprise comme une unité économique, juridiquement autonome, dont la fonction principale est de produire des biens ou des services pour le marché.

Entrants (input) → ENTREPRISE → **Sortants** (output) → Marché (Clients)

- Travail
- Capital
- Matières premières…

Sortants : Biens ou services

Ainsi, l'entreprise transforme des entrants (travail, capital, matières premières…) en output, c'est-à-dire en biens ou services destinés à un marché constitué de clients. Il existe une multitude d'entreprises, ce qui explique l'intérêt de les classer en fonction de critères.

2 La classification des entreprises

a. Selon la nature de l'activité

Les entreprises industrielles fabriquent des biens (voitures, tondeuses à gazon…), les entreprises tertiaires produisent des services (assurance, banque, restauration, hébergement, cafés, discothèques…) et les entreprises agricoles réalisent des activités en lien avec des végétaux ou des animaux.

Une entreprise d'hôtellerie-restauration appartient au secteur tertiaire. Le plus souvent, elle pratique une activité commerciale en vendant des produits et des prestations de services, sauf dans certains cas, comme lorsque l'activité relève soit d'un prolongement d'une activité agricole (ferme-auberge, gîte rural, chambre d'hôte…), soit d'activités caritatives (Les Restaurants du cœur…).

JE COMPRENDS LE COURS

Répartition des actifs selon le secteur d'activité

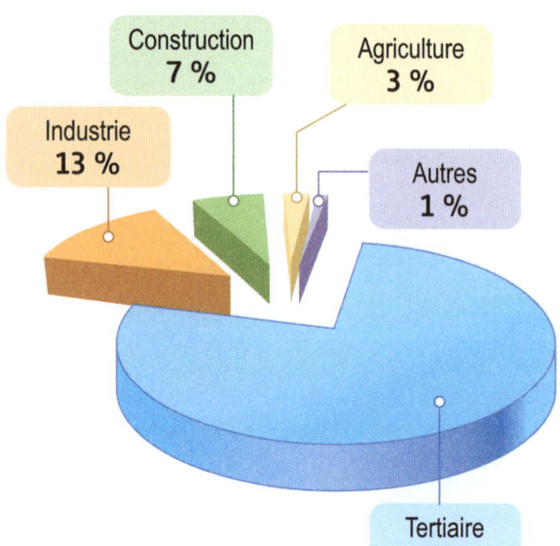

D'après l'Insee, données 2018.

En 2018, 13 % de la population active est employée dans le secteur industriel.

1. Quel secteur d'activité emploie le plus d'actifs ?

……………………………………………………………

……………………………………………………………

2. Selon vous, que signifie l'expression « tertiarisation de l'économie » ?

……………………………………………………………

……………………………………………………………

……………………………………………………………

……………………………………………………………

……………………………………………………………

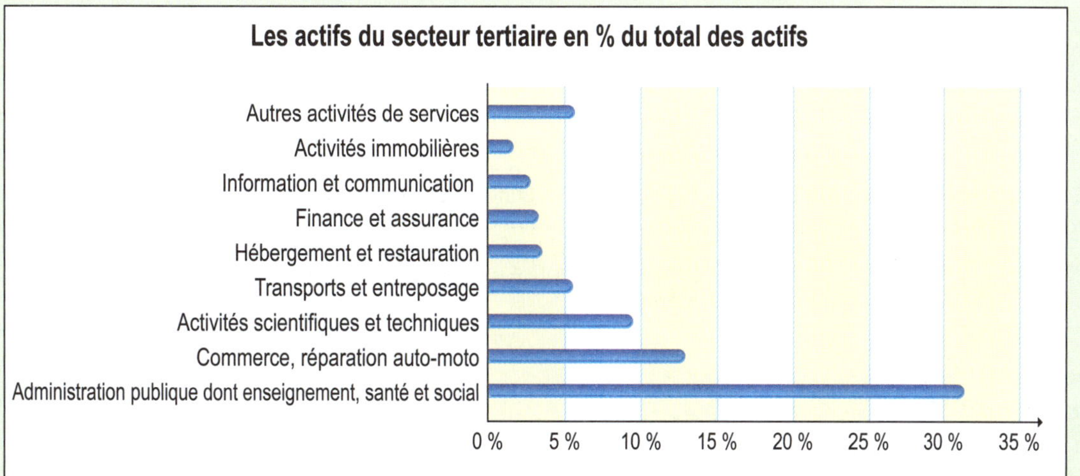

D'après l'Insee, données 2018.

3. Quelle est la contribution des activités liées à l'hébergement et à la restauration ?

....

....

4. À votre avis, pourquoi les activités liées à l'hébergement et à la restauration sont-elles distinguées des activités liées au commerce ?

....

....

....

b. Selon la zone de diffusion des biens et des services produits

Certaines entreprises ont vocation à proposer des biens ou des services sur toute la planète ou dans plusieurs pays ; on parle d'entreprises internationales. D'autres se limitent au cadre national ou à une zone géographique limitée (régionale).

c. Selon la finalité de l'entreprise

Les entreprises publiques ont pour finalité de satisfaire l'intérêt général en assurant des missions de service public et en gérant les biens publics (Sécurité sociale, SNCF, RATP, restaurant scolaire…). Elles sont détenues majoritairement par l'État ou des collectivités territoriales (municipalité, département ou région). D'autres sont privées, elles appartiennent à un (ou des) particulier(s) et ont comme objectif de faire des profits en produisant des biens ou des services.

d. Selon la forme juridique de l'entreprise

Il y a entreprise dès qu'une personne utilise son talent et son énergie, rassemble des moyens matériels et financiers pour produire ou pour rendre un service à des clients. Si le créateur ou l'exploitant est seul, il s'agit d'une entreprise individuelle. Dans ce cas, l'entreprise ne dispose pas d'une existence juridique propre mais se confond avec son propriétaire.
Dès que plusieurs personnes se regroupent, on a affaire à une société. L'entreprise a alors un statut juridique (des droits et des obligations) indépendant de celui de ses propriétaires. Il existe plusieurs formes de sociétés : la société à responsabilité limitée (SARL), la société anonyme (SA)…

e. Selon la taille de l'entreprise

La taille d'une entreprise se mesure selon son effectif (nombre de salariés) ou son chiffre d'affaires (ou le total de son bilan annuel).

Intitulé	Effectif (N)	Chiffre d'affaires (ou total du bilan)
TPE (très petite entreprise ou microentreprise)	N < 10	Pas plus de 2 millions d'euros de CA
PME (petite et moyenne entreprise)	10 ≤ N < 250	Pas plus de 50 millions d'euros de CA (ou total du bilan inférieur à 43 millions d'euros)
ETI (entreprise de taille intermédiaire)	250 ≤ N < 5 000	Chiffre d'affaires annuel inférieur à 1 500 millions d'euros (ou total du bilan inférieur à 2 000 millions d'euros)
GE (grande entreprise)	Il s'agit d'une entreprise qui ne peut pas être classée dans les catégories précédentes.	

D'après le décret n° 2008-1354 du 18 décembre 2008.

JE COMPRENDS LE COURS

• **Caractérisez les entreprises suivantes.**

Exemples d'entreprises	Nature de l'activité	Zone de diffusion	Finalité	Forme juridique	Taille
Le groupe Bonduelle, production et vente de légumes (près de 15 000 salariés)	....	....	....	....	....
Un artisan traiteur travaillant seul dans sa boutique	....	....	....	....	....
Le restaurant scolaire d'un lycée (10 salariés de la région)	....	....	....	....	....
Le groupe Accor Hotels (plus de 5 000 hôtels dans le monde)	....	....	....	....	....

II. Les entreprises indépendantes ou affiliées à une chaîne

Une entreprise du secteur de l'hôtellerie-restauration est une entreprise privée, commerciale, appartenant au secteur tertiaire et ayant pour activité principale la restauration et/ou l'hébergement. Elle peut être indépendante ou affiliée à une chaîne.

1 L'entreprise indépendante

Elle ne dépend que de son ou ses propriétaires. Elle n'affiche pas d'enseigne nationale ou de marque de chaîne. Elle représente environ 80 % des entreprises du secteur.

2 L'entreprise affiliée à une chaîne

Lorsque l'entreprise souscrit un contrat avec une chaîne de restauration ou d'hébergement, elle dispose d'une enseigne, quel que soit son statut juridique (filiale, franchisé…). Ce lien avec la chaîne rend l'entreprise dépendante d'un cahier des charges qu'elle doit respecter pour avoir le droit d'utiliser le nom de la chaîne. Ce cahier des charges définit précisément la relation entre l'exploitant et la chaîne dont il dépend. Exemples : un hôtel Ibis (groupe Accor Hotels), un restaurant Au Bureau (groupe Bertrand).

a. Chaîne intégrée et chaîne volontaire

Un hôtel ou un restaurant de chaîne intégrée est exploité par un groupe hôtelier (par exemple, Accor Hotels), un groupe de restauration (par exemple, McDonald's) ou un franchisé qui a signé un contrat de collaboration ou de franchise.
Une chaîne volontaire est une association de commerçants indépendants qui ont pour but d'assurer la coordination des fonctions (la communication de la chaîne, certains approvisionnements...). Les chaînes volontaires sont surtout présentes en hôtellerie.

b. En restauration

Il existe une multitude de formes de restauration (rapide, collective, traditionnelle, régionale, commerciale de chaîne...) et d'établissements (bistrot, brasserie, restaurant d'hôtel...). Certains établissements sont indépendants, d'autres appartiennent à des chaînes de restauration.
Les chaînes de restauration commerciales sont nombreuses, près de 80 enseignes, parmi lesquelles on trouve :
- la restauration rapide (McDonald's, Quick, Brioche Dorée, KFC...) ;
- les cafétérias (Flunch, Casino...) ;
- les chaînes à service complet (Léon de Bruxelles, Buffalo Grill, Courtepaille, Pizza Pasta del Arte, Pizza Hut) ;
- les chaînes de brasserie (Le Bistrot du marché, Au Bureau, La Taverne de Maître Kanter...) ;
- les chaînes de restaurant à thème (El Rancho, Le Paradis du Fruit...).

Les trois principaux groupes de restauration en France en 2019

Rang	Groupes	Chiffres d'affaires HT en M€	Nombre d'établissements	Ticket moyen
1	**McDonald's**	5 500,00	1 490	16,00 €
2	**Groupe Bertrand** (Burger King & Quick, Hippopotamus, Léon de Bruxelles, Au Bureau...)	2 089,00	913	–
3	**Agapes** (Flunch, 3 Brasseurs, Pizza Paï, Il Ristorante, Sogood, Salad & Co...)	731,00	356	13,20 €

D'après hr-infos.fr

c. En hôtellerie

L'offre d'hébergement est également très diversifiée : de l'hôtel de charme à l'hôtel de luxe (palace) en passant par les hôtels de chaînes ou les campings.
Les hôtels des chaînes intégrées sont exploités par un groupe hôtelier (marques du groupe Accor Hotels : Ibis, Mercure, Novotel... ; marques du groupe Louvre Hotels : Golden Tulip, Kyriad, Campanile...). Le client est certain d'y trouver, d'une région à une autre, des prestations semblables et un même niveau d'équipement.
Les chaînes volontaires sont nées face au développement des hôtels de chaînes intégrées (17 % de l'offre). Les hôtels indépendants se sont regroupés en réseau sous une enseigne commune en conservant leur autonomie de gestion. Il existe 26 enseignes différentes de chaînes hôtelières volontaires (Best Western, Logis, Contact Hôtel...).
Le principal avantage de l'adhésion à une chaîne volontaire est de bénéficier d'une centrale de réservation, de la promotion relative à la marque. Elle s'adresse à des professionnels soucieux d'augmenter leur volume d'affaires et voulant adhérer à des réseaux commerciaux souples.

JE COMPRENDS LE COURS

1. Quel est l'intérêt pour un restaurateur ou un hôtelier d'être adhérent à une chaîne volontaire ?

....

2. Quelles en sont les contraintes ?

....

III. La distinction entre personne physique et personne morale

Il est possible de classer les entreprises d'hôtellerie-restauration en fonction de leur personnalité juridique : est-on en présence d'un chef d'entreprise (personne physique) ou d'une société (personne morale) ? Cette distinction a des incidences sur le fonctionnement de l'entreprise.

1 La personnalité juridique

En droit français, la personnalité juridique est la capacité pour une personne, physique (un individu) ou morale (un regroupement de personnes autour d'intérêts communs, dissemblable des personnes qui l'ont créée), à être détentrice de droits et de devoirs. La personnalité juridique, en tant que sujet actif de droit, se voit reconnaître des droits avec la capacité d'en jouir (capacité de jouissance) et celle de les exercer (conclure des contrats, ester en justice…). En tant que sujet passif de droit, elle est assujettie à des obligations.

2 La personne physique

Une personne physique est un être humain disposant d'une personnalité juridique du fait de son existence ; elle a donc des droits et des devoirs. Elle est identifiée par son prénom, son nom, l'adresse de son domicile où elle réside plus de la moitié de l'année et sa nationalité. La personne physique acquiert la personnalité juridique par sa naissance (acte de naissance établi par un officier d'état civil). Elle perd sa personnalité juridique à son décès (médicalement constaté et déclaré en mairie). Pour créer ou reprendre une entreprise, la personne physique doit être majeure et ne pas être sous tutelle.

3 La personne morale

Une personne morale est une entité dotée de la personnalité juridique (titulaire de droits et de devoirs), constituée par un regroupement de personnes physiques ou morales qui acquiert la personnalité juridique après son enregistrement auprès d'une administration :
– pour une société, par son immatriculation au registre du commerce et des sociétés (RCS) ;
– pour une association, par sa déclaration en préfecture.
La personne morale est identifiée par sa dénomination, son siège social et son patrimoine (exemples : Danone, PSA – Peugeot société anonyme –, Les Restos du cœur, la Croix-Rouge). Elle perd sa personnalité juridique à sa dissolution.

JE COMPRENDS LE COURS

• **Ces entreprises sont-elles dirigées par une personne physique ou sont-elles des sociétés ?**

Dénominations d'entreprise	Personne physique	Société
Restaurant Le Bel Espoir, propriété de M. Diskus	☐	☐
Hôtel Les Flots bleus, SARL familiale	☐	☐
SARL La Primatiale, restaurant semi-gastronomique	☐	☐
Café-brasserie Au bon Coin, exploité par Mme Dubois	☐	☐

1. Vrai ou faux ?

Déterminer si chacune de ces affirmations est vraie ou fausse et expliquer pourquoi.

1. Les entreprises du secteur d'activité de l'hôtellerie-restauration sont toutes des entreprises individuelles.

2. Une entreprise est obligatoirement une société.

3. Un restaurant de chaîne est un restaurant rapide.

4. Un hôtel affilié à une chaîne volontaire perd son autonomie.

5. Un hôtel indépendant est toujours une entreprise individuelle.

6. Une personne morale est une personne qui a une forte personnalité.

7. Une personne physique peut diriger une entreprise d'hôtellerie-restauration.

8. Une entreprise individuelle a la personnalité morale.

9. Un restaurant a la personnalité morale s'il a été créé par plusieurs personnes qui l'exploitent sous forme de société.

10. Le groupe Bertrand possède plusieurs enseignes de restauration.

11. Le groupe McDonald's est le premier groupe de restauration en France, que ce soit en termes de chiffres d'affaires que de nombre de restaurants.

2. Repérer les caractéristiques de l'hôtellerie française

DOCUMENT **Panorama de l'hôtellerie en France**

Dans son panorama 2021 de l'activité hôtelière en France, le cabinet Coach Omnium liste les difficultés auxquelles sera confronté le secteur après ces longs mois de crise sanitaire.

[…]

• **Hôtels trop petits :** si la capacité moyenne des hôtels français est de 36 chambres, cela cache une grande diversité. En réalité, les hôtels français sont plutôt (trop) petits. 29 % des classés ont moins de 20 chambres, sans compter la majorité des 4 400 non classés. Plus largement, 9 253 établissements classés ont moins de 50 chambres, soit 72 % du parc étoilé. Presque trois quarts d'établissements ont moins ainsi de 50 chambres. Or, les études économiques que réalise Coach Omnium démontrent qu'avec moins de 35 à 45 chambres, selon les gammes et les localisations, il est compliqué de trouver une rentabilité, même sur un marché porteur. À l'opposé, seulement 4 % des hôtels en France ont plus de 100 chambres. […]

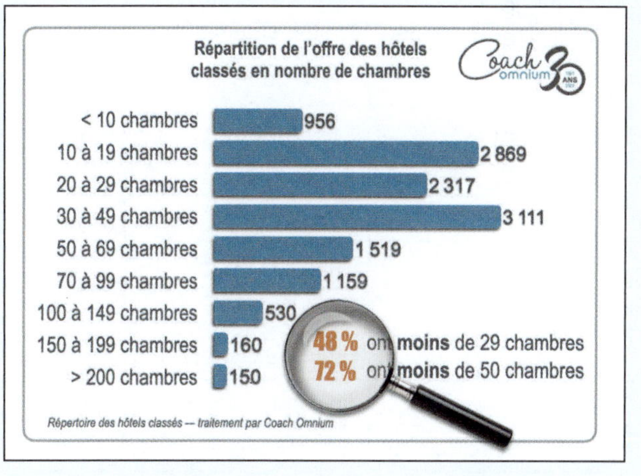

• **Isolement :** dans l'ensemble, près de 6 hôteliers français sur 10 n'adhèrent à aucun réseau, ce qui les isole et les fragilise parfois. Même si on peut désormais admettre qu'en sachant bien commercialiser, fidéliser ses clients et profiter des OTAs [*Online Tourism Agencies*, agences de voyages en ligne], un professionnel peut souvent se passer d'adhérer à un réseau. […]

D'après Mark Watkins, Coach Omnium, 23 juin 2021.

À partir du document, indiquer les caractéristiques essentielles de l'hôtellerie française.

3. Repérer les caractéristiques d'entreprises d'hôtellerie-restauration

Caractériser les entreprises suivantes.

1. Restaurant franchisé Burger King, SA de 55 personnes

2. Discothèque En Dansant, SARL, 6 salariés

3. Groupe Accor Hotels, 300 000 salariés

4. Cafétéria d'un hypermarché, 28 employés dont 1 directeur

5. Traiteur, organisateur de réceptions, 1 propriétaire, 2 cuisiniers et 2 serveuses-vendeuses

6. Hôtel Ibis (groupe Accor Hotels), 125 salariés

7. Café-brasserie de M. Paul, 1 patron, 2 serveurs, 1 cuisinier

8. Hôtel 2 étoiles au charme discret et paisible, propriété de Mme Gina, 8 employés

9. Restaurant administratif de la mairie (9 salariés : 8 agents municipaux et 1 contractuel)

10. Camping Aux Flots bleus, propriété de M. Chetif, 8 salariés

4. Distinguer une chaîne hôtelière volontaire d'une chaîne intégrée

DOCUMENT **Classement 2021 des chaînes hôtelières françaises**

Marques	Groupes	Nb hôtels 2021	Nb hôtels 2020	Nb chambres 2021	Nb chambres 2020	Rangs chaînes intégrées 2021
Ibis Mega Brand	Accor Hotels	959	946	77 542	76 690	1
Logis Hôtels	Groupe Logis Hôtels	2 050	2 038	40 239	39 786	–
Mercure	Accor Hotels	249	247	23 887	23 711	2
B&B Hotels	Groupe B&B Hotels	295	289	23 149	22 461	3
Campanile	Jin Jiang	294	317	19 247	20 319	4
Novotel / Suite Novotel	Accor Hotels	135	133	17 825	17 498	5
Première Classe	Jin Jiang	238	232	17 102	16 708	6

D'après Hospitality ON, 12 août 2021.

1 **À partir du document, préciser les principales évolutions des chaînes hôtelières entre 2020 et 2021.**

2 **Faire la différence entre un hôtel Ibis et un hôtel de la chaîne Logis Hôtels.**

3 **Citer, à proximité de votre établissement scolaire, un hôtel indépendant, un hôtel adhérent d'une chaîne volontaire et un hôtel de chaîne intégrée.**

Quelles sont les entreprises du secteur de l'hôtellerie et de la restauration ?

1 Définition de l'entreprise

Entreprise (d'après l'Insee) :

....

....

....

2 Classification des entreprises

• Selon la nature de l'activité

Entreprise ....
» produit des biens

Entreprise ....
» produit des services

Entreprise ....
» réalise des activités en lien avec des végétaux ou des animaux

Entreprise d'hôtellerie-restauration

Activité commerciale

Activité non commerciale

• Selon la zone de diffusion des biens et des services produits

Entreprise ....
» vend des biens ou des services dans plusieurs pays

Entreprise nationale ou locale
» ....
....

• Selon la finalité de l'entreprise et sa forme juridique

Entreprise..
» objectif : satisfaire l'intérêt général
» propriétaire : l'État ou des collectivités territoriales

Entreprise privée
» objectif : ....
» propriétaire : ....
....

....
» regroupement de plusieurs personnes
» statut juridique indépendant de ses propriétaires

....
» créateur ou exploitant seul
» pas d'existence juridique propre

Fiche de synthèse

- **Selon la taille de l'entreprise**

TPE	....
....	10 ≤ effectif < 250
ETI	....
....	Entreprise non classée dans les autres catégories

Entreprise du secteur d'activité de l'hôtellerie-restauration

→ Entreprise indépendante

→ Possibilité d'adhérer à une chaîne ....
» associée avec d'autres entreprises indépendantes

→ Entreprise appartenant à une chaîne ....
» exploitée par un groupe ou un franchisé

3 Distinction entre personne physique et personne morale

....
» capacité à détenir des droits et des devoirs

Personne physique

- » identifiée par : ....
- » acquisition de la personnalité juridique : ....
- » perte de la personnalité juridique : ....

→ Entreprise individuelle

Personne morale

- » identifiée par : ....
- » acquisition de la personnalité juridique : ....
- » perte de la personnalité juridique : ....

→ Société

2 Quelles sont les différentes parties prenantes de l'entreprise hôtelière ?

CAPACITÉS
- Identifier et classer les partenaires de l'entreprise.
- Décrire les relations des parties prenantes avec l'entreprise.

NOTIONS
- Parties prenantes
- Parties prenantes internes/externes

Julie, réceptionniste, accueille M. et Mme Karl, qui ont réservé une chambre pour deux nuits.

....

....

Michel livre trois fois par semaine les fruits frais qui seront servis au petit-déjeuner.

....

....

BNP Paribas est une banque commerciale.

....

....

L'Assemblée nationale est une institution publique qui, avec le Sénat, constitue le Parlement.

....

....

Décrire, sous chaque photographie, comment les personnes (physiques ou morales) représentées participent à l'activité d'un hôtel.

SITUATION

Vous rencontrez Maëlle, une élève de votre lycée, qui a fait un stage dans le restaurant saisonnier La Caravane Émeraude. Vous souhaitez comprendre son rôle et celui des personnes avec qui elle a travaillé.

SITUATION 1
Les acteurs d'un restaurant éphémère

DOCUMENT 1 **Le restaurant éphémère La Caravane Émeraude**

Depuis le 1er juin, une petite caravane repeinte en vert émeraude s'est installée sur le port de plaisance de Dinard, station balnéaire de Bretagne. Tout au long de la saison estivale, La Caravane Émeraude proposera un service de restauration en continu de 9 h à 21 h, 7 jours sur 7.

Au menu, des produits simples et locaux, entre terre et mer. À la carte, le matin, c'est café et gâteaux ; le midi, c'est par exemple gaufre à la farine de sarrasin bio avec du froment au pesto ; pour le goûter et le soir, ce sont plutôt des tapas. Les noms des fournisseurs, distants de moins de 100 km, sont affichés clairement sur une ardoise. On peut y lire, par exemple : « Viande de la ferme du Pré Bois », « Poisson et truite de la fumaison Boutrais... »

Encadrés par Jacques en cuisine, les deux salariés, Léa et Malo, et la stagiaire Maëlle se relaient pour confectionner les plats à consommer sur place ou à emporter dans des emballages consignés.

Virginie et Jacques, les propriétaires, ont déjà testé le concept de restaurant éphémère l'année dernière dans une autre station balnéaire de la côte d'Émeraude. Cette année, ils ont candidaté auprès de la mairie de Dinard, qui les a retenus pour proposer un service supplémentaire aux habitants, aux usagers du port de plaisance et aux vacanciers. Actuellement, cette station balnéaire compte 6 crêperies, 57 restaurants et 3 restaurants italiens et pizzerias.

Compléter le tableau ci-dessous :
• en identifiant toutes les personnes qui participent directement ou indirectement à l'activité saisonnière de La Caravane Émeraude ;
• en précisant les relations entre ces personnes et La Caravane Émeraude.

Personnes	Relations avec La Caravane Émeraude
....	....
....	....
....	....
....	....
....	....
....	....
....	....
....	....
....	....
....	....
....	....
....	....

SITUATION 2
Les relations entre le restaurant éphémère et la ville

DOCUMENT 2 **L'installation sur la voie publique**

Pour pouvoir s'installer sur la voie publique (rue, place, trottoir), le commerçant ou l'artisan doit obtenir une autorisation d'occupation temporaire du domaine public. Il peut s'agir soit d'une permission de voirie si son installation est fixe, c'est-à-dire avec emprise au sol (terrasse fermée, kiosque fixé au sol...), soit d'un permis de stationnement si elle est mobile, c'est-à-dire sans emprise au sol (terrasse ouverte devant un restaurant ou un café, étalage, stationnement d'une camionnette, food truck).
Attention : l'installation sans autorisation est passible d'une amende de 1 500 €.

Les Echos Entrepreneurs, 6 décembre 2019.

DOCUMENT 3 **Avis de mise en concurrence (extraits)**

VILLE DE Dinard
DIRECTION GÉNÉRALE DES SERVICES

1) Objet de l'avis d'appel à concurrence
La commune de Dinard lance le présent avis d'appel à la concurrence afin de sélectionner la candidature la mieux appropriée pour l'exploitation d'une occupation temporaire du domaine public par un véhicule commercial de type caravane sur l'esplanade du port pour les activités suivantes : « Bar – Petite restauration – Panier pique-nique » (vente à consommer sur place et à emporter) à l'exclusion de tout autre.

2) Désignation et modalités d'occupation du domaine public
Superficie :
10 m² : installation d'un véhicule commercial et éventuelle remorque, de type caravane (installation n'excédant pas 750 kg)
27 m² : installation du mobilier de restauration sur place
Raccordement : eau potable + eaux usées + coffret électrique à proximité
Redevance : 2 147 € (avec électricité). À payer le 31 août.

3) Critères de choix
– Qualité du projet proposé (type de véhicule, carte et prix proposés)
– Utilisation de produits locaux et objectif « zéro déchet »
– Expérience et compétences dans le domaine, ainsi qu'au niveau des normes en matière d'hygiène et sécurité
– Périodes et horaires d'ouverture proposés
– Moyens de paiement proposés (notamment TPE...).

Site de la ville de Dinard

1 **Expliquer pourquoi l'installation d'un food truck sur la voie publique n'est pas libre.**

....

....

....

2 **Justifier les conditions fixées par la ville de Dinard pour autoriser un restaurant éphémère à s'installer sur le port de plaisance.**

....

....

....

....

I. Les parties prenantes de l'entreprise hôtelière

1 La notion de partie prenante

Les personnes (physiques ou morales) qui sont en relation avec l'activité d'une entreprise hôtelière sont appelées ses parties prenantes. Elles peuvent :
– participer directement ou indirectement à l'activité ;
– bénéficier ou subir l'activité.

2 Le classement des parties prenantes

Les parties prenantes peuvent être distinguées selon leur appartenance ou non à l'entreprise.

a. Les parties prenantes internes

Les parties prenantes internes participent directement à l'activité de l'entreprise :
– les **salariés** apportent leur force de travail en échange d'une rémunération ;
– les **dirigeants** prennent les grandes décisions et organisent l'activité. Ils disposent d'un pouvoir hiérarchique sur les salariés ;
– les **associés**, propriétaires de l'entreprise, financent l'activité et fixent les objectifs aux dirigeants. Ils perçoivent une partie des bénéfices.

b. Les parties prenantes externes

Les parties prenantes externes participent indirectement à l'activité de l'entreprise :
– les **clients/consommateurs** achètent et consomment les services produits par l'entreprise ;
– les **fournisseurs** approvisionnent l'entreprise en biens et services. Ils peuvent confier certaines tâches à des sous-traitants ;
– les **concurrents** proposent des produits assez similaires sur le marché de l'entreprise ;
– les **banques** proposent des services financiers et accordent des prêts à l'entreprise en échange du paiement d'intérêts ;
– les **pouvoirs publics** gouvernent et administrent les services de l'État. Pour fonctionner, ils prélèvent des impôts et taxes auprès de l'entreprise ;
– les **associations** défendent les intérêts de leurs membres. Elles peuvent observer ou influencer indirectement l'activité de l'entreprise.

JE COMPRENDS LE COURS

L'hôtel-restaurant Le Manoir des Portes adhère à la chaîne Logis. La famille Gautier en est propriétaire depuis trois générations. Willem, le fils, est directeur du restaurant et Sarah, sa sœur, dirige l'hôtel. Mehdi, chef réceptionniste depuis cinq ans, renseigne les clients sur les activités touristiques et les orientent vers leur partenaire Le Spa des Thermes lorsqu'ils souhaitent bénéficier de prestations bien-être. Après six semaines de fermeture administrative imposée par le gouvernement, les dix salariés sont heureux de pouvoir reprendre leur activité. Willem et Sarah sont toutefois inquiets face à l'augmentation du nombre d'appartements de la ville mis en location sur le site Airbnb. Heureusement, ils viennent d'obtenir un certificat « Excellence » sur le site TripAdvisor.

• **Identifiez les parties prenantes internes et externes du Manoir des Portes.**

Parties prenantes internes	Parties prenantes externes
....	....
....	....
....	....
....	....
....	....
....	....

II. Les relations de l'entreprise hôtelière avec ses parties prenantes

L'entreprise hôtelière et ses parties prenantes ont des objectifs communs : la pérennité de l'activité, la qualité du service, la valorisation du secteur professionnel… Mais chaque partie prenante poursuit également ses propres objectifs, qui peuvent être en opposition avec ceux de l'entreprise. Le dialogue avec les parties prenantes permet de développer des partenariats et d'éviter des relations conflictuelles.

1 Les relations avec les parties prenantes internes

Les salariés, dirigeants et associés participent directement à l'activité de l'entreprise en échange d'une rémunération (salaire, primes, part des bénéfices…). Il y a un risque de conflit d'intérêts sur la valeur des rémunérations perçues par chacune de ces parties prenantes.
L'entreprise hôtelière est également un lieu de travail, organisé et hiérarchisé. Certaines parties prenantes y exercent un pouvoir de décision (dirigeants, associés…) et d'autres peuvent s'organiser pour jouer un rôle de contre-pouvoir (par exemple, les salariés réunis en syndicat).

2 Les relations avec les partenaires économiques

Pour exercer son activité, l'entreprise hôtelière échange des biens, des services et de la monnaie avec les acteurs du marché : clients, fournisseurs, banques, chaînes hôtelières, agences de voyages, concurrents…
Les relations avec ces parties prenantes prennent la forme de négociations et parfois de contrats. Ces parties prenantes deviennent des partenaires quand elles partagent des objectifs communs et que l'échange est équilibré.

3 Les relations avec les acteurs de la société

L'activité de l'entreprise hôtelière produit des effets positifs ou négatifs (externalités) sur la société. Les pouvoirs publics peuvent réglementer l'activité de l'entreprise pour protéger l'intérêt collectif ou les parties prenantes qui ont le moins de pouvoir de négociation. Certaines associations (ONG, syndicats…) jouent également un rôle de contre-pouvoir pour inciter l'entreprise à adopter une activité plus favorable aux causes qu'elles défendent.

JE COMPRENDS LE COURS

• En stage dans l'hôtel-restaurant Le Five, situé à Cannes, vous observez les relations de l'entreprise avec ses parties prenantes. Précisez, pour chacune de ces situations, le type de relations entre Le Five et ses parties prenantes.

Situations	Partie prenante	Relations	
		Partenariat	Contre-pouvoir
Après avoir payé son séjour, M. Loji publie un commentaire très négatif sur son compte Instagram.	....	☐	☐
Chaque année, lors du Festival de Cannes, l'établissement offre à tous ses collaborateurs une place gratuite pour aller voir un film en compétition.	....	☐	☐
Lorsque l'hôtel est complet, il oriente les personnes qui souhaitent réserver une chambre vers un hôtel situé à 500 m qui propose les mêmes prestations.	....	☐	☐
La salle de restaurant est décorée avec des photos prises dans les exploitations agricoles auprès de qui Le Five s'approvisionne en vins, légumes, viandes et fromages.	....	☐	☐
Depuis le 1er janvier 2021, le plastique à usage unique étant interdit à la vente (loi du 10 février 2020), le bar de l'hôtel utilise des pailles réutilisables en inox pour servir ses cocktails.	....	☐	☐

1. Identifier les parties prenantes d'un restaurant participatif

DOCUMENT 1 Présentation du restaurant La Grenouille à Grande Bouche

Vidéo : La Grenouille à Grande Bouche
liennathan.fr/9i36nz

DOCUMENT 2 Un projet collectif et militant

[...] La Grenouille à Grande Bouche, c'est une coopérative [...] qui associe un restaurant à Rennes et une revue diffusée partout en France [...].
Elle a été créée en 2019 par Fanny Amand, directrice du restaurant, Louise Katz, rédactrice en chef de la revue, et Nathanaël Simon, coordinateur général. La petite équipe a rapidement grandi. Elle compte aujourd'hui 10 salariés permanents et fait appel pour chaque numéro de la revue à une quinzaine de professionnels (journalistes pigistes, photographes, auteurs...), ainsi qu'à une directrice artistique et une correctrice.
Mais La Grenouille à Grande Bouche, c'est aussi un projet participatif. Tous les jours, le chef et son équipe accueillent trois bénévoles en cuisine, tandis que quatre autres viennent prêter main-forte pour assurer le service à table. Pour la revue, des rédactions ouvertes sont régulièrement organisées et permettent de participer avec les journalistes à la rédaction d'articles. [...]
Pour donner tout son sens à cette participation, La Grenouille a décidé de redistribuer ses bénéfices à des associations socialement utiles au territoire. De cette manière, elle participe à un écosystème local vertueux et œuvre collectivement à la transition sociale et écologique.
Cerise sur le gâteau : tout le monde – salarié, client, mais aussi partenaire – peut participer à la vie et à la gouvernance de la coopérative en devenant sociétaire. 70 personnes sont d'ores et déjà impliquées dans notre développement ! [...]

www.kisskissbankbank.com

DOCUMENT 3 Publication Facebook

La Grenouille à Grande Bouche
3 juin ·

Et hop, en photo, les plats à déguster en terrasse (abritée 💦) à La Grenouille cette semaine !
De délicieux plats hauts en couleur imaginés par notre chef Benjamin 😌😌
Concoctés à partir de produits hyper-ultra locaux, zoom sur nos lasagnes épinard blette moutarde lentille qui raviront vos papilles 😍
Des pâtes fraîches maison, de la farine de Cloteau à Bain de Bretagne, des oeufs du GAEC de l'Aulne à Langouet, du gruyère de la fromagerie La Caprarius et du bon lait de Ferme de La Touche Rolland 🥛🧀🥚
Miam, ruez-vous au restaurant ! Les lasagnes sont au four !

Après avoir pris connaissance des documents, identifier les parties prenantes du restaurant La Grenouille à Grande Bouche.

2. Décrire les relations avec les parties prenantes internes

L'InterContinental Marseille est un hôtel 5 étoiles situé sur le Vieux-Port de Marseille. Il dispose de 179 chambres et 15 suites. Le personnel des étages, géré par le sous-traitant STN, s'est récemment mis en grève.

DOCUMENT 1 **Fin de grève à l'hôtel InterContinental de Marseille**

Depuis une dizaine de jours, les personnels de nettoyage de l'InterContinental [...] étaient en grève [et] réclamaient « *une augmentation des qualifications [...] et l'amélioration des conditions de travail* ». Les équipiers et les femmes de chambre concernés étaient sous-traités par le groupe STN avec qui ils sont en conflit [...]. Vendredi, la grève a pris fin, a indiqué par communiqué la Confédération nationale des travailleurs-Solidarité ouvrière (CNT-SO). « *Un accord satisfaisant a été trouvé [...]. Il acte principalement le paiement d'un 13e mois [...], des augmentations de qualifications dans la grille salariale conventionnelle ainsi que des augmentations du volume horaire des contrats de travail pour certains salariés à temps partiel* », s'est félicitée la CNT-SO.

La Provence (avec AFP), 1er août 2021.

DOCUMENT 2 **STN, partenaire des grandes enseignes hôtelières depuis plus de 20 ans**

Prestations Hôtellerie

Le nettoyage des :
- chambres
- salles de bains
- couloirs
- parties communes
- espaces de restauration
- bars
- salles de séminaire

L'image de marque de votre établissement dépend étroitement de sa mise en propreté. Vous souhaitez vous appuyer sur un partenaire fiable connaissant parfaitement ce secteur d'activité.

Vous avez des exigences accrues au niveau de la gestion du personnel et du service hôtelier en général. Notre ambition est de valoriser les espaces et de fournir confort et bien-être.

[...] Les chefs de secteur, ex-gouvernants généraux, issus de maisons renommées, disposent d'un savoir-faire et de compétences pointues acquises dans ces établissements. Ils encadrent et suivent femmes de chambre et équipiers. [...] Les chefs de secteur passent sur site en moyenne 1 fois par semaine.

MERCURE HOTELS

SOFITEL HOTELS & RESORTS

pullman HOTELS AND RESORTS

ACCOR

http://www.groupe-stn.com

1 **À partir des documents ci-dessus, identifier les parties prenantes de l'InterContinental Marseille impliquées dans ce conflit.**

2 **Décrire les relations entre l'InterContinental Marseille et ses parties prenantes.**

3. Décrire les relations avec les parties prenantes externes

Depuis juillet 2019, Ludovic Dirscherl et Adèle Gendron sont les jeunes propriétaires de L'Osmose, un restaurant gastronomique de 20 couverts. Ludovic est chef de cuisine et a obtenu le titre de Maître Restaurateur. Il fait également partie des 109 chefs sélectionnés par Gault et Millau pour l'édition 2021.

DOCUMENT 1 Le titre de Maître Restaurateur

MAÎTRE RESTAURATEUR

LUDOVIC DIRSCHERL
L'OSMOSE • PLEUDIHEN-SUR-RANCE

Créé en 2007 à l'initiative du ministère des PME, du Commerce et de l'Artisanat, le titre de Maître Restaurateur est le seul titre délivré par l'État pour la restauration française. Ce label, inscrit dans la loi Consommation, s'appuie sur un cahier des charges qui mêle professionnalisme et qualifications du chef, traçabilité, et saisonnalité des produits.
Le titre compte aujourd'hui près de 3 300 restaurateurs répartis sur la métropole et les départements d'outre-mer, il récompense les établissements d'excellence, de l'auberge à la table gastronomique. Tous garantissent une cuisine authentique.
Un audit a lieu dans l'établissement dès la demande effectuée. Il est basé sur les 3 aspects de la restauration : la cuisine, la salle, le service. Après validation, le titre est accordé par le préfet pour une durée de 4 ans renouvelables.

www.maitresrestaurateurs.fr

DOCUMENT 2 Guide *109* 2021, le dénicheur des talents d'aujourd'hui

109 personnalités « sang neuf », 109 établissements, sont représentés répondant aux attentes de la profession pour se régénérer et pour progresser. Ces chefs sont sélectionnés dans toute la France : un quart sont parisiens, trois-quarts sont présents en région, un vrai maillage sur nos terroirs. Des profils et des parcours différents enrichissent et constituent l'image de ce paysage en mouvement, poussé par le souffle de la nouveauté.

Gault&Millau, 4 mars 2021.

Vidéo : Les principes de Gault&Millau
liennathan.fr/99wb3u

DOCUMENT 3 Publication Facebook

Restaurant L'Osmose 😃 se sent reconnaissant.
10 mars ·

Une belle reconnaissance qui arrive comme un rayon de soleil dans cette période morose, et cela fait chaud au cœur!
Merci au Gault&Millau France pour cette distinction et à nos fidèles clients qui sont toujours un soutien et que nous avons hâte de chouchouter à nouveau DANS notre restaurant!

1 **À partir des documents ci-dessus et de votre réflexion, montrer comment les pouvoirs publics peuvent contribuer à l'activité du restaurant L'Osmose à travers le titre de Maître Restaurateur.**

2 **Présenter le rôle joué par le guide *109* de Gault et Millau pour le restaurant L'Osmose.**

Quelles sont les différentes parties prenantes de l'entreprise hôtelière ?

1 Définition d'une partie prenante

Partie prenante :

....

....

....

2 Classification des parties prenantes de l'entreprise hôtelière

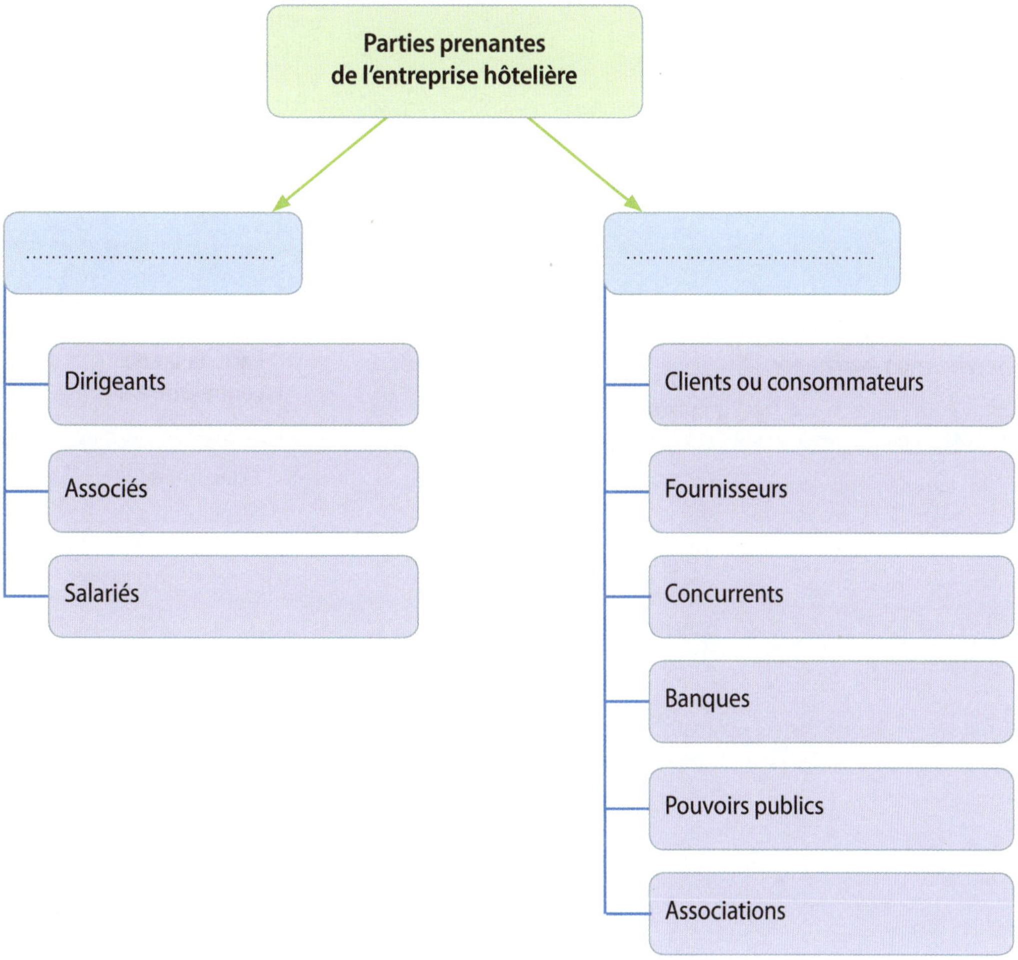

3 Relations de l'entreprise hôtelière avec ses parties prenantes

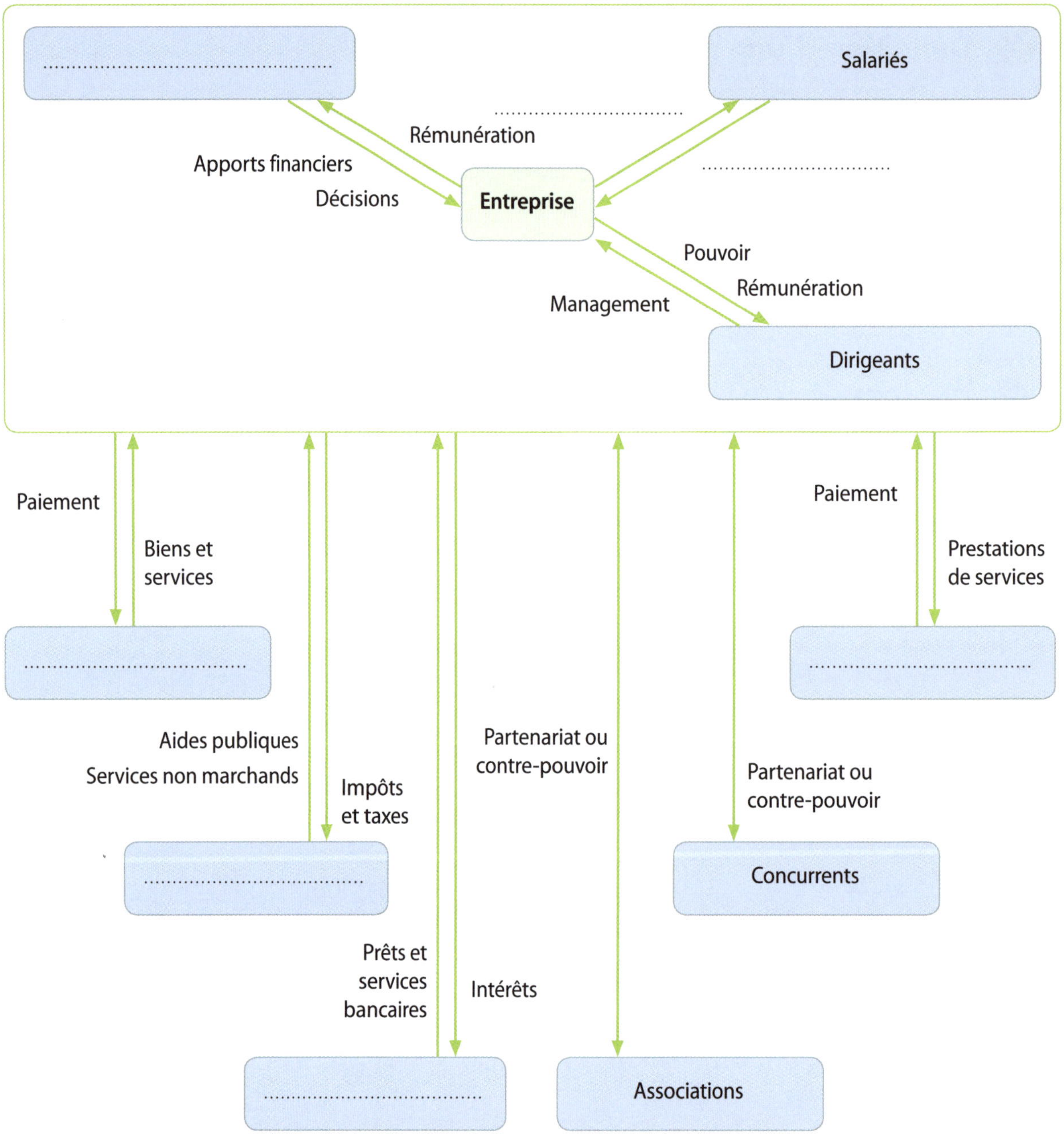

3 Comment l'entreprise se procure-t-elle ses ressources financières ?

CAPACITÉ
- Identifier les principaux modes de financement de l'entreprise.

NOTIONS
- Ressources internes / externes
- Emprunt bancaire
- Apports en capital
- Intérêts, dividendes

La photo ci-dessus représente une partie prenante de l'entreprise hôtelière. Nommer cette partie prenante et donner des exemples de relations qu'entretiennent ces deux entreprises.

....

....

....

SITUATION

Pendant une conférence dans votre lycée, vous rencontrez le propriétaire d'un domaine viticole qui a aussi une activité d'hôtellerie-restauration, Les Secrets de Lucien, situé à Puisseguin (près de Saint-Émilion, en Nouvelle-Aquitaine). Vous voulez comprendre comment il a réussi à financer son activité ainsi que les travaux d'aménagement des chambres.

SITUATION
Les modes de financement d'une entreprise hôtelière

DOCUMENT Les modes de financement du domaine Château Lucien

Ambroise Baudier, le propriétaire du domaine Château Lucien, est tombé littéralement amoureux de la propriété qu'il a achetée au cœur des vignes. Ses économies lui ont servi d'apport personnel au démarrage de son activité. Il avait demandé un prêt d'honneur auprès de la Région pour éviter de faire appel à une banque (le taux d'intérêt étant proche de zéro), mais il lui a été refusé, la Région estimant que son apport était suffisant pour obtenir un prêt bancaire.

M. Baudier a donc dû faire appel à sa banque pour compléter son apport. Celle-ci lui a fait confiance et lui a permis de créer son entreprise individuelle en lui accordant un prêt bancaire remboursable sur 5 ans, une avance de trésorerie pour payer les premières factures et une autorisation de découvert (facilité de caisse) afin de ne pas trop payer d'intérêts en cas d'incidents de paiement.

Au fil du temps, l'activité du domaine a généré des bénéfices et de la trésorerie, ce qui a permis à M. Baudier d'investir dans des chambres d'hôtes. Comme il a aussi souhaité remettre un cépage au goût du jour, il a eu recours à un financement participatif (*crowdfunding*) sur un site dédié: KissKissBankBank.

1 **Relever les différents modes de financement utilisés par Ambroise Baudier.**

....

....

....

2 **Classer les différents modes de financement du domaine Château Lucien.**

Modes de financement propres (internes)	Modes de financement externes
....	....
....	....
....	....
....	....

3 **À votre avis, quel est l'avantage pour Ambroise Baudier d'avoir eu recours au *crowdfunding* ?**

....

....

4 **Selon vous, quel est le mode de financement le plus avantageux pour l'entreprise ? Justifier votre réponse.**

....

....

....

I. Les ressources externes

Une entreprise d'hôtellerie-restauration a besoin de ressources financières lors de sa création puis pour développer son activité. Sa trésorerie, qui correspond à l'argent disponible sur son compte bancaire, lui permet de faire face aux dépenses courantes (payer les salaires, acheter les denrées alimentaires...). Elle provient des paiements des clients.
En début d'activité, la trésorerie n'est souvent pas suffisante pour les investissements, c'est pourquoi l'entreprise doit rechercher d'autres modes de financement.
Les ressources financières externes peuvent être obtenues auprès de personnes physiques ou morales, publiques ou privées, extérieures à l'entreprise : les banques, l'État (sous forme de subventions ou de crédits d'impôt) et les particuliers qui souhaitent investir. Elles deviennent des sources de financement obtenues auprès de différents acteurs : apporteurs de capitaux (associés/actionnaires), prêteurs (banques).

1 L'emprunt

a. L'emprunt bancaire à long terme

L'entreprise hôtelière peut trouver des financements auprès de sa banque, qui lui prête alors des fonds en fonction de sa capacité à rembourser : c'est l'emprunt bancaire.
Elle s'engage, à chaque période (mois, trimestre, année), à rembourser une partie de la somme empruntée (capital) et à payer le service bancaire rendu sous forme d'intérêts.
Les intérêts se calculent à chaque période, durant laquelle un taux négocié est appliqué au montant restant à rembourser. La somme des intérêts payés permet ainsi de connaître le coût de l'emprunt.

Exemple de plan de remboursement de l'emprunt

Capital emprunté :	3 000 €	Bien financé :	Pads de commande
Durée :	3 ans	Taux d'intérêt :	4 %
Périodicité de remboursement : annuelle		Montant de l'annuité :	1 081,05 €

Années	Capital restant dû début de période	Intérêts	Remboursement du capital	Annuités	Capital restant dû fin de période
1	3 000,00	120,00	961,05	1 081,05	2 038,95
2	2 038,95	81,56	999,49	1 081,05	1 039,47
3	1 039,47	41,58	1 039,47	1 081,05	0,00
Total		**243,14**	**3 000,00**	**3 243,14**	

Cette source de financement est souvent utilisée au moment de la création et de la croissance de l'entreprise. Des frais d'assurance peuvent s'ajouter à la somme versée à la banque à chaque période.

b. L'emprunt bancaire à court terme

L'entreprise hôtelière engage souvent des dépenses pour produire sa prestation avant de recevoir les recettes de ses ventes, ce qui peut entraîner des difficultés.
Le crédit de trésorerie lui permet alors de ne rembourser la banque qu'une fois qu'elle a reçu les recettes de ses ventes. Il s'agit d'un emprunt d'une durée inférieure à un an, dont le taux d'intérêt est assez élevé (agios). Il existe plusieurs types de crédits de trésorerie.
- La **facilité de caisse** est une autorisation accordée par la banque qui permet d'être en situation de débit (en négatif) sur son compte bancaire de façon très ponctuelle.
- Le **découvert bancaire** est un crédit à très court terme et renouvelable, dont le plafond à ne pas dépasser est négocié avec la banque, qui permet de faire face à un décalage de trésorerie. La banque couvrira alors les dépenses qui se présentent sur le compte bancaire dans la limite de l'autorisation de découvert. Cette solution est moins coûteuse que la facilité de caisse.
- Le **crédit de campagne**, de quelques mois, est lié à la saisonnalité de l'activité.

c. Le prêt d'honneur

Un prêt d'honneur (accordé au créateur ou au repreneur d'une entreprise), ou une avance remboursable (octroyée à l'entreprise créée ou reprise), est une somme d'argent souvent proposée par une Région ou un réseau associatif national de financement comme Initiative France ou Réseau Entreprendre. Le créateur (ou l'entreprise) s'engage à rembourser la somme mais paiera un faible taux d'intérêt, souvent proche de zéro.
Ce mode de financement est possible si l'apport personnel du créateur ou du repreneur de l'entreprise est insuffisant pour obtenir un prêt bancaire. Il est réservé à des entreprises de petite taille car le prêt varie généralement de 3 000 à 50 000 €.
Il ne faut pas le confondre avec la subvention d'investissement, qui est une aide financière octroyée par une Région ou l'État et qui n'est pas remboursable.

2 Le financement participatif

Le financement participatif (ou *crowdfunding*) permet à l'entreprise de récolter des fonds auprès de personnes (des particuliers, principalement) *via* une plateforme internet. Ces sommes peuvent être matérialisées par des dons, des investissements en capital ou des prêts (avec ou sans intérêts).

JE COMPRENDS LE COURS

• Identifiez, en justifiant, la nature du mode de financement pour chacun des exemples de ressources financières externes.

Exemples de ressources financières externes	Emprunt			*Crowd-funding*
	Emprunt bancaire	Crédit de trésorerie	Prêt d'honneur / subvention	
Votre apport personnel est insuffisant pour obtenir un prêt bancaire. Vous avez besoin de 10 000 €.	☐	☐	☐	☐
	Justification :			
Jeune entrepreneur d'une start-up de livraison de repas bistronomiques, vous lancez une cagnotte sur le site de financement participatif Foodraising.com.	☐	☐	☐	☐
	Justification :			
Le restaurant scolaire du lycée (qui emploie 10 salariés rémunérés par la Région) vient de recevoir 3 000 € de la Région pour mettre en place les mesures sanitaires liées au Covid-19.	☐	☐	☐	☐
	Justification :			
Vous devez remplacer la chaudière rapidement et cela n'était pas prévu.	☐	☐	☐	☐
	Justification :			
Le groupe hôtelier Accor a obtenu un prêt de BNP Paribas de 1 000 000 € pour la rénovation de son parc hôtelier Ibis budget.	☐	☐	☐	☐
	Justification :			
Les achats de matières premières sont plus importants pour les fêtes de Noël.	☐	☐	☐	☐
	Justification :			

II. Les ressources internes

Les ressources financières internes proviennent essentiellement de l'activité de l'entreprise, lorsqu'elle génère des bénéfices, ou des apports versés par les dirigeants lors de sa création.

1 L'apport en capital

Pour créer une entreprise hôtelière sous forme d'entreprise individuelle (personne physique), le dirigeant fait un apport personnel. Celui-ci est une ressource interne souvent insuffisante qu'il faudra compléter par une autre ressource financière, externe cette fois-ci.
Dans le cas d'une création sous forme de société (personne morale), les apports des associés constituent le capital social de l'entreprise et peuvent être de différentes natures :
– de l'argent : **apports en numéraire** ;
– des biens matériels (local, meubles pour les chambres d'hôtels…) : **apports en nature** ;
– leur savoir-faire (sous certaines conditions). Comme celui-ci est difficilement quantifiable, il n'entre pas dans le calcul du capital social de l'entreprise mais permet aux associés d'avoir des parts sociales (ou des actions) dans l'entreprise : **apports en industrie**.
Les associés reçoivent des actions en contrepartie de leurs apports grâce auxquels ils percevront une somme correspondant à la part des bénéfices leur revenant : les dividendes.

2 L'autofinancement

Grâce à son activité courante (vente de repas, nuitées, location de mobile-homes…), l'entreprise hôtelière dégage un résultat. Celui-ci se calcule une fois par an, en fin d'exercice comptable.

Résultat* = Total des recettes – Total des dépenses

* Par simplification

Si les recettes sont supérieures aux dépenses, le résultat est un bénéfice, dont une partie peut être distribuée aux actionnaires sous forme de dividendes.
L'autofinancement correspond à la partie du bénéfice qui n'a pas été distribuée aux propriétaires de l'entreprise mais qui servira à financer les investissements. Cette ressource financière permet à l'entreprise de ne pas avoir à chercher des financements externes.

Autofinancement = Résultat – Dividendes

JE COMPRENDS LE COURS

Vous décidez de vous associer avec un ami rencontré au lycée hôtelier afin de reprendre l'auberge de votre village. Pour cela, vous avez besoin de 60 000 €. Pour démarrer l'activité, vous estimez avoir besoin de 5 000 € de trésorerie. Votre apport personnel s'élève à 25 000 € et celui de votre associé à 45 000 €.

1. Calculez le montant des apports et précisez leur nature.

....

....

2. Calculez le montant du financement nécessaire au démarrage.

....

3. Les fonds détenus sont-ils suffisants ?

....

4. Peut-on parler d'autofinancement ?

....

APPLICATIONS

1. Vrai ou faux ?

Déterminer si chacune de ces affirmations est vraie ou fausse et expliquer pourquoi.

1. Les propriétaires d'une entreprise hôtelière sont appelés « associés ».

2. Les associés d'une entreprise hôtelière perçoivent des intérêts.

3. Une PME du secteur des CHRD ouverte toute l'année peut avoir recours au crédit de campagne.

4. Le dividende correspond à la rémunération de la banque qui a prêté de l'argent.

5. Le coût de l'emprunt est la somme des intérêts et du capital remboursé.

6. Le *crowdfunding* est un mode de financement sur le marché financier.

2. Analyser un emprunt bancaire

Le Château Fleur de Roques, situé sur un domaine viticole proche de Saint-Émilion, est une bâtisse du XVIe siècle. Afin de rénover une partie de la toiture de l'établissement, son propriétaire a besoin de faire un emprunt bancaire de 50 000 € remboursable sur 5 ans.

DOCUMENT **Plan de remboursement de l'emprunt bancaire**

Capital emprunté :	50 000 €	Bien financé :	Toiture
Durée :	5 ans	Taux d'intérêt :	4 %
Périodicité de remboursement : annuelle		Montant de l'annuité :	11 231,36 €

Années	Capital restant dû début de période	Intérêts	Remboursement du capital	Annuités	Capital restant dû fin de période
1	50 000,00	2 000,00	9 231,36	11 231,36	40 768,64
2	40 768,64	1 630,75	9 600,61	11 231,36	31 168,03
3	31 168,03	1 246,72	9 984,63	11 231,36	21 183,40
4	21 183,40	847,34	10 384,02	11 231,36	10 799,38
5	10 799,38	431,98	10 799,38	11 231,36	0,00
Total		**6 156,78**	**50 000,00**	**56 156,78**	

1 **Quel montant le Château Fleur de Roques doit-il verser à la banque la première année ?**

2 **Comment se décompose cette somme ?**

3 **Combien reste-t-il à rembourser à la fin de la première année ?**

4 **Combien coûte l'emprunt bancaire pour le Château Fleur de Roques ?**

3. Connaître les modes de financement des entreprises

DOCUMENT Les modes de financement des entreprises

Vidéo : Comment les entreprises se financent-elles ? – Banque de France
liennathan.fr/957kmv

Après avoir visionné la vidéo, replacer, sur le schéma ci-dessous, les termes suivants : capital social, financement participatif (*crowdfunding*), emprunt bancaire, autofinancement.

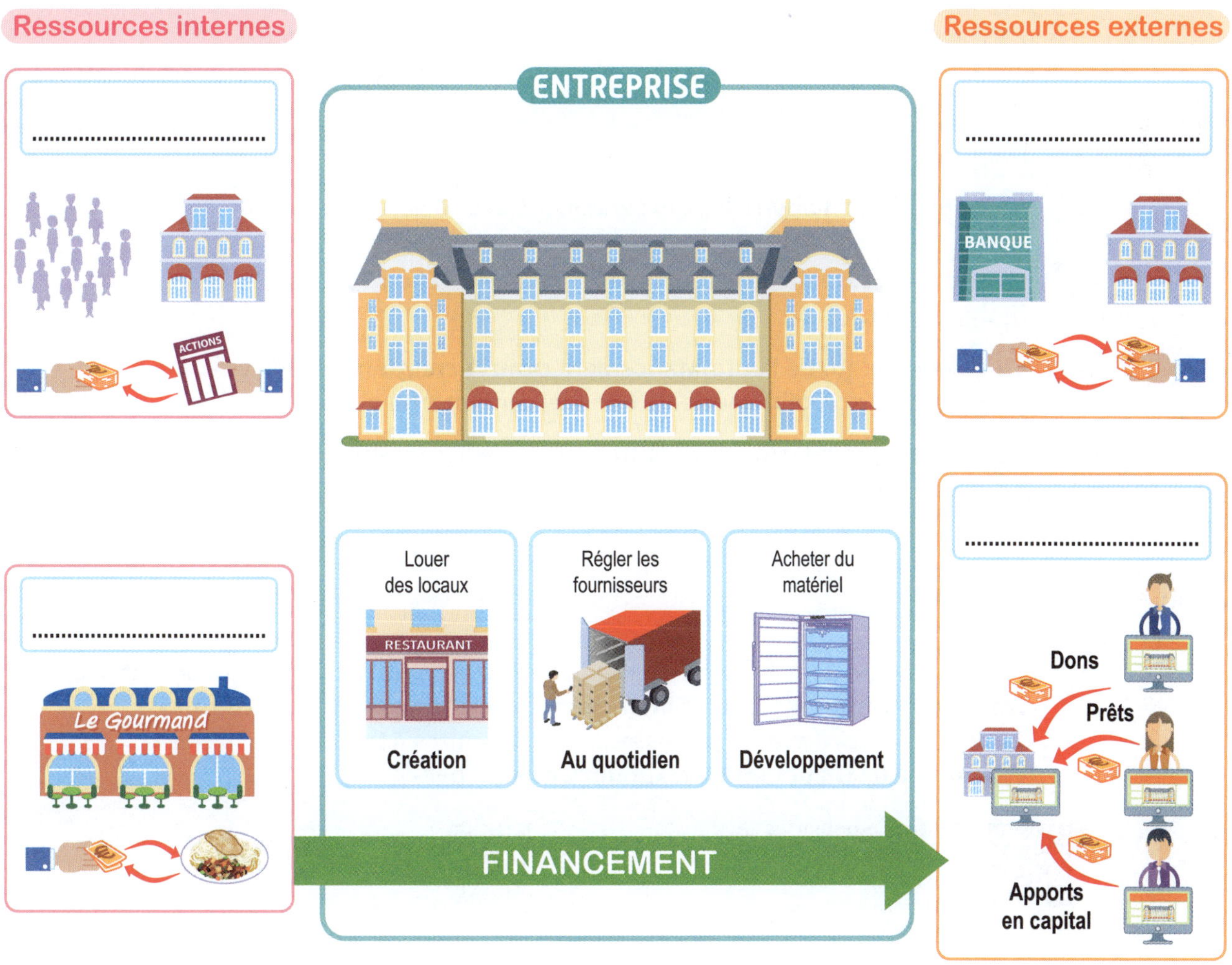

4. Identifier les principaux modes de financement d'une entreprise hôtelière

Chez Peppone, société par actions, est un restaurant familial italien, situé en plein cœur de Bordeaux. Il a été créé avec un apport personnel du grand-père de 5 000 € et un apport du père de 10 000 €. Les deux propriétaires ont dû investir dans le matériel de cuisine et la salle pour une valeur de 10 000 €. Afin de pouvoir payer les fournisseurs et les salariés, leur besoin de trésorerie était de 5 000 €. Le local a été acheté pour une valeur de 30 000 € grâce à leur banque, qui les a suivis dans leur projet de création.

1 **Identifier les ressources internes du restaurant et calculer leur montant.**

2 **Ont-elles été suffisantes pour démarrer l'activité ?**

3 **Calculer le montant qui restait à financer et préciser la nature de la ressource externe.**

Chez Peppone a une activité régulière, des clients fidèles et une excellente réputation. C'est même une institution auprès des Bordelais. De ce fait, le restaurant ne désemplit pas.
Malgré la crise sanitaire du Covid-19, qui a entraîné la fermeture ponctuelle du restaurant et la mise en place de la vente à emporter, le résultat du restaurant s'élève cette année à 50 000 € ; il sera distribué à hauteur de 50 % aux associés. Les propriétaires de l'entreprise voudraient agrandir le local afin de créer une épicerie fine ; le montant de l'investissement est de 50 000 €.
Le fils souhaiterait devenir associé et participer au développement de l'activité. Il possède 10 000 € d'économies.

4 **Calculer la part du bénéfice qui sera distribuée.**

5 **Calculer le dividende que touchera chaque associé en fonction de son apport et du résultat.**

6 **Calculer la valeur de l'autofinancement pour la création de l'épicerie fine. Indiquer s'il s'agit d'un mode de financement interne ou externe.**

7 **L'autofinancement n'étant pas suffisant, à quelles ressources externes les propriétaires pourraient-ils faire appel ?**

5. Travail collaboratif

Par groupes de 2 ou 4 élèves maximum, effectuer une recherche documentaire sur les différentes ressources financières que se procurent les entreprises. Choisir, en accord avec le professeur, une ressource à présenter à la classe sous forme de diaporama (maximum 2 diapositives).

Vidéo : Comment les entreprises financent-elles leurs projets ? – Dessine-moi l'éco
liennathan.fr/68wui2

Vidéo : La Bourse et le financement des entreprises – Dessine-moi l'éco
liennathan.fr/4r98zx

Article : Le prêt d'honneur avec le Réseau initiative France
liennathan.fr/7x79rw

Vidéo : Quand les PME profitent du *crowdfunding*
liennathan.fr/mk244e

Comment l'entreprise se procure-t-elle ses ressources financières ?

1 Ressources financières externes

Ressources financières externes

- obtenues auprès de personnes (physiques ou morales) extérieures à l'entreprise

Emprunt

- .... → **Obtention d'un prêt**
  - auprès de ....
  - remboursement + intérêts
- .... → **Obtention d'un crédit de trésorerie**
  - auprès de ....
  - remboursement + agios
    - ....
    - ....
    - ....
- .... → **Obtention d'une avance remboursable**
  - auprès de ....
  - remboursement + faible taux

.... → Récolte de sommes matérialisées sous formes de dons, d'investissements en capital ou de prêts → Auprès des ....

FICHE DE SYNTHÈSE

2 Ressources financières internes

Ressources financières internes

» ……………………………………………………………………………………

Apport en capital

- Apport personnel
  - ☐ entreprise individuelle ☐ société
- Apport des associés (= capital social)
  - ☐ entreprise individuelle ☐ société
  - » reçoivent des dividendes en échange (actions)

………………………………	………………………………	………………………………
………………………………	………………………………	………………………………
» apport de biens matériels	» apport d'argent	» apport de leur savoir-faire

……………………………………………………

» partie du bénéfice qui n'a pas été distribuée aux actionnaires

= …………………………………… – ……………………………………

4 Comment l'entreprise hôtelière crée-t-elle de la valeur ?

CAPACITÉS
- Identifier les facteurs de production de l'entreprise hôtelière.
- Expliquer la création de valeur ajoutée.
- Repérer la contribution de chacune des parties prenantes à la création de valeur.

NOTIONS
- Facteurs de production
- Coûts
- Chiffre d'affaires
- Valeur ajoutée
- Responsabilité sociétale de l'entreprise (RSE)

Deux automobilistes s'arrêtent dans une cafétéria située sur une aire de repos d'une autoroute afin de consommer un café. Pour le même prix, deux solutions s'offrent à eux pour commander leur boisson.

Prise de commande n° 1

Prise de commande n° 2

1 **Présenter les principales différences entre ces deux manières de prendre la commande des clients.**

....

....

....

2 **Quelles peuvent être les attentes des clients qui choisissent :**

• la prise de commande n° 1 ? ....

....

....

• la prise de commande n° 2 ? ....

....

....

SITUATION

Avec votre classe, vous organisez un repas sur le thème « American Diner ». Au menu : salade Coleslaw, hamburger, brownie. Pour l'entrée, vous devez choisir entre réaliser une salade « maison » ou acheter une salade « prête à l'emploi ».

SITUATION 1
La production d'un plat

DOCUMENT 1 **Fiche technique de la salade Coleslaw « maison »**

Temps de préparation : 25 minutes
Temps de repos : 30 minutes
Techniques et denrées pour 4 portions de 100 g

SALADE	Denrées	Unité	Qté	Prix unitaire	Coût
Laver et découper le chou en fines lanières à l'aide de la pointe d'un couteau. Laver et éplucher les carottes à l'aide d'un couteau économe. Les râper à l'aide d'une râpe carrée.	Chou blanc	Kg	0,20	0,71 €	0,14 €
	Carottes	Kg	0,20	0,68 €	0,14 €
SAUCE	**Denrées**	**Unité**	**Qté**	**Prix unitaire**	**Coût**
Mélanger le jaune d'œuf, le sel, le poivre, la moutarde et le vinaigre à l'aide d'un fouet. Fouetter en versant peu à peu l'huile jusqu'à la consistance souhaitée.	Jaune d'œuf	Unité	1	0,10 €	0,10 €
	Moutarde	Kg	0,10	4,67 €	0,47 €
	Vinaigre	Litre	0,03	1,08 €	0,03 €
	Huile	Litre	0,10	2,59 €	0,26 €
ASSEMBLAGE	**Total denrées**				**1,14 €**
Mélanger les légumes avec la sauce. Laisser reposer au frais.	Condiments (sel, poivre)			2 %	0,02 €
	Coût matières total				**1,16 €**

Remarque : pour cette situation, il est fait abstraction de la TVA.

1 **Identifier tous les moyens nécessaires pour produire 4 portions de salade Coleslaw « maison » et proposer un classement en 3 catégories.**

....

....

....

2 **À votre avis, que représente le « coût matières » ?**

....

3 **Selon vous, quels sont les autres coûts à prendre en compte pour produire cette salade ?**

....

....

Au lieu d'utiliser une râpe carrée pour les carottes, vous décidez de vous servir d'un robot électrique qui permettra de réduire le temps de préparation à 15 minutes.

4 **D'après vous, le choix de ce matériel va-t-il modifier les coûts pour produire la salade ? Justifier la réponse.**

....

....

SITUATION 2
La création de valeur d'un produit

Le prix de vente moyen de la salade Coleslaw dans les restaurants de type « American Diner » est de 2,50 €. Vous souhaitez évaluer la différence entre ce prix de vente et tout ce que vous avez consommé pour produire votre salade.

DOCUMENT 2 Prix de vente et coût des produits consommés

Pour 1 portion de 100 g de salade Coleslaw	
Prix de vente unitaire	2,50 €
Coût des matières consommées (chou, carottes, condiments)	0,29 €
Coût de l'énergie consommée pour utiliser le robot électrique	0,03 €
Différence = Prix de vente – Coût des consommations intermédiaires	**2,18 €**

Remarque : pour cette situation, il est fait abstraction de la TVA.

1 **Que représente pour vous la différence de valeur de 2,18 € ?**

....

....

2 **Identifier les parties prenantes qui ont participé à créer cette différence de valeur.**

....

....

Lors d'une visite chez un grossiste, vous découvrez que ce commerçant vend aux restaurateurs des barquettes de salade Coleslaw « prête à l'emploi » au prix de 5,30 € le kilogramme.

3 **Calculer la différence entre le prix de vente de la salade dans un restaurant (2,50 € la portion de 100 g) et le coût d'achat de la salade « prête à l'emploi ».**

....

....

4 **Comparer ce résultat à la valeur créée lors de la vente d'une salade « maison ». Expliquer la différence.**

....

....

Vous décidez finalement de produire une salade « maison » à partir de légumes bruts. En préparant les carottes, vous avez l'idée de réaliser, avec les épluchures, des chips de carottes que vous servirez en accompagnement de la salade Coleslaw.

5 **Expliquer comment votre démarche peut contribuer à créer de la valeur.**

....

....

I. Les facteurs de production

Les facteurs de production sont l'ensemble des moyens utilisés par l'entreprise hôtelière pour produire les services vendus aux clients. On distingue deux types de facteurs de production.

1 Le facteur travail

Le facteur travail correspond aux moyens humains (main-d'œuvre) mis en œuvre pour produire les biens et services. Il se définit par :
– le **nombre d'heures de travail** effectuées par les personnes qui contribuent à la production sur une période donnée ;
Exemple : dans un hôtel, un réceptionniste travaille 35 h par semaine.
– les **compétences** de chaque personne qui travaille dans l'entreprise.
Exemple (suite) : le réceptionniste parle couramment l'anglais et sait utiliser le logiciel de réservation.

2 Le facteur capital

Le facteur capital correspond aux moyens matériels et immatériels (brevets, logiciels…) utilisés pour produire. Il regroupe :
– le **capital fixe**, qui correspond à l'ensemble des biens pouvant être utilisés plusieurs fois pour produire ;
Exemples : des équipements de cuisine, le mobilier, un logiciel de caisse.
– le **capital circulant**, qui correspond à l'ensemble des biens consommés au cours du processus de production. Ils sont détruits après une seule utilisation.
Exemples : l'achat de denrées alimentaires, la consommation d'eau et d'électricité.

JE COMPRENDS LE COURS

Le Camping des Blancs Sablons a repris son activité le 15 avril, après 6 mois de fermeture. Tristan et Emré, les deux gérants diplômés en hôtellerie-restauration, ne comptent pas leurs heures pour remettre en état les sanitaires, la salle commune, le matériel du bar, les 10 mobile-homes et les emplacements arborés. Emré se charge de gérer les premières réservations enregistrées sur son logiciel Vega. Il sera aidé en réception par Lila, une étudiante qui parle couramment anglais et allemand. Lila a été embauchée pour la saison et travaillera en moyenne 39 h/semaine, comme les 8 autres saisonniers qui rejoindront l'équipe à partir du 15 juin. Tristan, quant à lui, gère le snack-bar du camping. Il réceptionne la première livraison de boissons et remplit un distributeur automatique de sodas mis à la disposition des clients.

• **Relevez dans le texte tous les facteurs de production utilisés par le Camping des Blancs Sablons puis classez-les dans le tableau ci-dessous.**

Facteur travail	Facteur capital	
	Capital fixe	Capital circulant
....	....	....
....	....	....
....	....	....
....	....	....

3 La combinaison des facteurs de production

Pour produire le service vendu au client, l'entreprise combine le facteur travail et le facteur capital. Il existe plusieurs combinaisons possibles, car le travail et le capital sont complémentaires, mais l'un peut être utilisé davantage que l'autre.

JE COMPRENDS LE COURS

Voici, en vidéo, deux procédés différents pour cuire des crêpes :

Nicolas Le Breton, maître crêpier, nous explique comment faire tourner une crêpe
liennathan.fr/7j5qa9

Machines agroalimentaires
liennathan.fr/2ys43h

• **Comparez la combinaison des facteurs de production dans ces deux procédés.**

....

....

II. Les coûts liés à la production

L'utilisation des facteurs de production génère des frais pour l'entreprise, appelés « coûts ». Plusieurs types de coûts peuvent être calculés.

• **Le coût d'acquisition des matières utilisées :** il correspond au prix d'achat des matières premières auquel sont ajoutés les frais liés à l'approvisionnement (exemple : le transport).

JE COMPRENDS LE COURS

Le gérant d'une crêperie a utilisé un sac de farine de sarrasin de 25 kg pour produire les 625 galettes vendues au cours d'une semaine. La farine est achetée au prix de 2,50 € le kilogramme. Le fournisseur facture 1,50 € la livraison d'un sac de 25 kg.

• **Quel est le coût d'acquisition de la farine utilisée au cours de la semaine ?**

....

• **Le coût du personnel :** il intègre les frais liés au paiement des salaires du personnel et les cotisations sociales à verser aux pouvoirs publics.

JE COMPRENDS LE COURS

Le gérant de la crêperie a embauché un serveur payé 10,25 € de l'heure.
Cet employé a travaillé 35 h par semaine pendant un mois.

Salaire de base mensuel	1 554,62 €
Avantages en nature (repas)	94,90 €
Cotisations sociales à la charge de l'employeur (santé, accident du travail, famille, retraite)	113,64 €

• **Combien coûte à l'employeur un mois de travail réalisé par ce serveur ?**

....

• **Le coût de production :** il regroupe la somme de tous les frais liés à la production au cours d'une période. Exemple : coût d'acquisition des matières consommées + coût du personnel + frais d'électricité + frais des assurances + loyers…

• **Le coût de revient :** il représente l'ensemble des frais supportés pour produire une unité du bien ou une prestation de service.

Coût de revient = Coût de production / Quantités produites

JE COMPRENDS LE COURS

Le gérant de la crêperie souhaite calculer le coût de revient d'une galette complète (œuf-jambon-fromage). En moyenne, il vend 5 000 galettes par mois. Le coût d'acquisition des ingrédients utilisés pour produire une galette est estimé à 1,20 €.
Le coût du travail du crêpier s'élève à 2 072 € par mois. Les consommations mensuelles d'eau et d'électricité sont estimées à 63 €. L'assurance est de 26 € par mois. Le gérant paye un loyer mensuel de 1 200 €. L'utilisation du billig (la plaque en fonte qui sert à réaliser les galettes, dont le prix d'achat est de 349 €) est estimée à 30 € par mois.

1. Quel est le coût de production mensuel des galettes ?

....

2. Quel est le coût de revient d'une galette ?

....

III. La création de valeur

Le rôle économique de l'entreprise hôtelière est de produire des biens et des services vendus aux clients à partir de facteurs de production. Au cours de ce processus de production, l'entreprise crée de la valeur car le chiffre d'affaires est supérieur au coût des facteurs de production utilisés.

1 Le chiffre d'affaires

Les biens et les services produits par l'entreprise hôtelière sont vendus à des clients. La valeur totale des ventes est appelée le chiffre d'affaires. Il se calcule de la manière suivante :

Chiffre d'affaires = Quantités vendues × Prix de vente

Le chiffre d'affaires permet l'enrichissement de l'entreprise.

JE COMPRENDS LE COURS

À la fin du mois de juillet, le gérant de la crêperie consulte son logiciel de caisse.

Ventes totales du mois de juillet	Prix de vente	Quantités vendues	Montants (en €)
Galette Bréhat	12,90 €	300	3 870
Galette Ouessant	10,40 €	360	3 744
Galette Belle-Île	9,80 €	180	1 764
Galette complète	7,90 €	720	5 688
Galette 1 ingrédient	5,20 €	120	624
Galette 2 ingrédients	6,80 €	300	2 040
Ventes totales Galettes		**1 980**	**17 730**
Ventes totales Crêpes		**720**	**5 400**
Ventes totales Salades		**360**	**4 300**
Ventes totales Boissons		**1 380**	**13 800**

• **Quel chiffre d'affaires a-t-il réalisé au cours du mois de juillet ?**

....

2 La valeur ajoutée

La valeur ajoutée est un indicateur économique qui mesure la richesse créée par l'entreprise au cours de son processus de production. Elle représente la valeur supplémentaire apportée aux biens et services consommés et achetés auprès des fournisseurs. Elle se calcule de la manière suivante :

Valeur ajoutée = Chiffre d'affaires – Consommations intermédiaires

Les consommations intermédiaires représentent le coût de tous les biens et services qui ont été achetés auprès des fournisseurs et utilisés (consommés) lors de la production (exemples : consommation de matières premières, d'électricité et d'eau, assurance).
La valeur ajoutée dépend donc de ce que l'entreprise consomme pour produire le bien ou le service, mais surtout du prix auquel les clients sont prêts à acheter le produit, c'est-à-dire la valeur qu'ils lui accordent.

JE COMPRENDS LE COURS

Le gérant de la crêperie souhaite à présent évaluer la richesse créée au cours du mois de juillet.
Il vous transmet les informations suivantes :

Postes de coûts	Montants (en €)
Coût d'achat des ingrédients consommés	10 357,50
Électricité	53,00
Assurance	26,00
Loyer	1 200,00
Autres consommations intermédiaires	7 007,00
Total des consommations intermédiaires	**18 643,50**

2. Calculez la valeur ajoutée pour le mois de juillet.

....

....

....

2. Interprétez le résultat obtenu.

....

....

....

3 La contribution des parties prenantes à la création de valeur

Les parties prenantes internes et certaines parties prenantes externes participent directement à la création de valeur. La valeur ajoutée permet ainsi de les rémunérer pour cette contribution.

Parties prenantes internes	Parties prenantes externes
• Les salariés et les dirigeants apportent leur travail et reçoivent un salaire en échange. • Les propriétaires ont contribué à financer le capital fixe et reçoivent une partie des bénéfices (dividendes) en contrepartie.	• Les banques contribuent à financer le capital fixe en accordant des prêts. Elles reçoivent des intérêts. • L'État contribue à la création de valeur en mettant à disposition des services non marchands. Il prélève des impôts et taxes sur la valeur ajoutée de l'entreprise.

JE COMPRENDS LE COURS

Voici des données sur l'activité du mois de septembre d'un hôtel-restaurant économique. L'hôtel dispose de 52 chambres et d'une salle de restaurant d'une capacité de 45 couverts, ouverte midi et soir.

Ventes et dépenses mensuelles (extrait)		Montants (en €)
Ventes	Chambres	40 488
	Petits-déjeuners	1 578
	Restaurant (nourriture et boissons)	34 834
Matières premières utilisées	Produits d'accueil	953
	Nourriture et boissons	11 613
Autres biens et services utilisés	Énergie, fourniture d'entretien, réparations, blanchissage, assurance…	22 365
Impôts et taxes		2 448
Frais de personnel		22 484

1. Quel est le montant du chiffre d'affaires réalisé en septembre ?

....

2. Quelle est la valeur totale des consommations intermédiaires pour le mois de septembre ?

....

....

3. Déduisez-en le montant de la valeur ajoutée réalisée au mois de septembre.

....

4. Quelle part de cette valeur ajoutée est redistribuée :

• aux salariés ? ....

• aux pouvoirs publics ? ....

IV. La responsabilité sociétale de l'entreprise hôtelière

La production de services dans un hôtel-restaurant a des conséquences, positives ou négatives, pour l'ensemble de la société.

Conséquences positives	Conséquences négatives
Exemples : – créer des richesses et distribuer des revenus ; – soutenir l'activité des producteurs locaux ; – valoriser un territoire touristique.	Exemples : – produire des déchets (emballages des menus à emporter) ; – épuiser les ressources naturelles (consommation d'eau dans les piscines, le spa et les chambres d'hôtel…).

L'entreprise hôtelière a donc une responsabilité envers les citoyens actuels et futurs, appelée « responsabilité sociétale ».
La responsabilité sociétale de l'entreprise (RSE) est « l'intégration volontaire par les entreprises de préoccupations sociales et environnementales à leurs activités commerciales et leurs relations avec les parties prenantes » (définition de la Commission européenne).
La RSE représente donc la contribution de l'entreprise aux enjeux du développement durable.

1 La responsabilité sociale

La responsabilité sociale de l'entreprise consiste à protéger la santé et les droits fondamentaux des personnes qui contribuent à la production par leur travail (directement ou indirectement).

JE COMPRENDS LE COURS

Charte éthique et responsabilité sociétale

« Cette Charte Éthique et RSE a pour objectif de vous aider à comprendre ce qui est attendu d'un collaborateur Accor, partout dans le monde, à tous les niveaux de l'entreprise, sans aucune exception, en fixant des principes fondamentaux, eux-mêmes illustrés à l'aide de divers exemples rencontrés dans le cadre de nos activités quotidiennes. L'éthique est l'affaire de tous. »

La situation : Un de mes collègues tient, au sujet d'un membre de son équipe, des propos sur un ton humoristique concernant sa nationalité et son origine ethnique. Que [dois-je] faire ?

La solution : Toute discrimination, y compris sur un ton qui se veut humoristique, n'a pas sa place au sein de Accor. Toute personne a droit au respect. De tels agissements peuvent engendrer des conséquences pour la personne qui les subit sans même que l'auteur de ces propos n'en soit conscient. En pareille situation, vous devez immédiatement en informer votre manager, votre correspondant Éthique et RSE, votre *Compliance Officer*, votre Direction Juridique ou votre représentant Talent & Culture. Vous pouvez également utiliser la ligne d'alerte interne du Groupe.

Charte éthique et responsabilité sociétale d'entreprise, Accor, mars 2020.

- **Quels sont les moyens mis en œuvre par le groupe Accor pour lutter contre la discrimination au sein de ses équipes de salariés ?**

....

....

2 La responsabilité environnementale

La responsabilité environnementale de l'entreprise hôtelière consiste à adopter un mode de production à faible impact environnemental : préserver les ressources naturelles, les écosystèmes, éviter les déchets, réduire l'empreinte carbone…

JE COMPRENDS LE COURS

L'étoile verte du *Guide Michelin*

L'étoile verte […] récompense les restaurants et les chefs qui se montrent responsables de leurs normes éthiques et environnementales. Ils travaillent avec des fournisseurs et des producteurs éthiques afin d'éviter les déchets, et font tout leur possible pour éliminer le plastique et les autres matériaux non recyclables de leur chaîne d'approvisionnement. […] Ils vont souvent au-delà des considérations environnementales. Ils sont également attentifs à la qualité de vie de leur équipe, ainsi qu'à l'ambition de s'impliquer dans des projets éducatifs et des initiatives locales et durables. […] Les inspecteurs recherchent ceux qui sont à la pointe de la durabilité, en tenant compte des critères suivants : l'utilisation d'ingrédients locaux et de saison, l'empreinte écologique, les déchets alimentaires, le traitement et recyclage des déchets généraux, la gestion durable, le bien-être des employés. […]

Magazine *Le Guide Michelin*, 24 mai 2021.

1. **Soulignez dans le texte les critères utilisés par le *Guide Michelin* pour attribuer une étoile verte aux restaurants.**
2. **Sélectionnez un restaurant parmi les derniers lauréats de cette distinction sur le site du *Guide Michelin*. Quelles sont les actions responsables mises en œuvre par ce restaurant ?**

liennathan.fr/79wfd3

....

....

1. Identifier les facteurs de production utilisés en restauration

DOCUMENT 1 **McDonald's ne proposera plus de bouteilles en plastique en France**

La chaîne de restauration leader en France a confirmé que la démarche visant à arrêter les bouteilles en plastique dans ses restaurants serait généralisée d'ici la fin de l'année après plusieurs tests concluants menés au sein de certains établissements français.

Après avoir annoncé en février l'arrêt des jouets en plastique au sein de ses menus enfants Happy Meal, McDonald's France entend faire un pas supplémentaire avec la décision d'arrêter la vente de bouteilles en plastique dans ses restaurants. Un test avancé était en effet déjà mené en ce sens au sein de plusieurs restaurants pour proposer autrement les boissons et promouvoir encore davantage l'eau. L'enseigne distribuait jusqu'ici, chaque année, plus de 75 millions de bouteilles en plastique. La chaîne évoque d'ailleurs un très fort taux d'adhésion de la part des clients dans les restaurants où ont été menés ces tests. Près de 9 clients sur 10 se déclareraient ainsi satisfaits du retrait de la bouteille en plastique.

[...] Ce nouvel engagement s'inscrit donc dans la stratégie zéro plastique de l'enseigne. Aujourd'hui, plus de 97 % des emballages de service utilisés dans les restaurants sont d'ores et déjà fabriqués à partir de matériaux plus respectueux de l'environnement, tels que le papier ou le carton [...]. Cette stratégie permettrait d'ores et déjà une économie de plus de 4 000 tonnes de plastique par an. Et la suppression des jouets en plastique devait déjà permettre l'économie supplémentaire de plus de 3 000 tonnes de plastique par an supplémentaire.

www.snacking.fr, 1er avril 2021.

DOCUMENT 2 **La loi antigaspillage pour une économie circulaire**

La loi antigaspillage pour une économie circulaire [promulguée en France le 10 février 2020] entend accélérer le changement de modèle de production et de consommation afin de limiter les déchets et préserver les ressources naturelles, la biodiversité et le climat. [...]

Sortir du plastique jetable

Le secteur de la restauration rapide produit chaque année en France 180000 tonnes d'emballages, immédiatement jetés après utilisation. Les clients sont en effet servis dans de la vaisselle jetable, même pour les repas pris sur place.

[À partir du 1er janvier 2023,] les fast-foods devront utiliser de la vaisselle réutilisable pour les repas et les boissons consommés sur place par leurs clients. Cette mesure contribuera à la diminution de la consommation de matière plastique et de carton.

www.ecologie.gouv.fr, 17 septembre 2021.

Identifier les facteurs de production utilisés par la chaîne McDonald's et concernés par la loi antigaspillage promulguée en France.

2. Identifier les facteurs de production créateurs de valeur

DOCUMENT **Clientèle business : des services à valeur ajoutée à l'Hôtel Spa de Fontcaude**

Pour tirer le meilleur profit de ses installations, l'Hôtel Spa de Fontcaude, près de Montpellier (Hérault), propose un catalogue événementiel sur mesure : séminaires, séjours de remise en forme pour sportifs, incentive, formation ou team building. [...] Au-delà de ses équipements adaptés à cette clientèle (dont une piscine couverte de 120 m² ouverte jusqu'à 23 heures, un sauna, une grande salle de sport et une piscine extérieure en saison), l'Hôtel Spa de Fontcaude propose des services complémentaires à la simple location d'une salle de réunion et au déjeuner d'affaires. « *Notre positionnement, c'est le bien-être et le sport, et nous nous sommes lancés dans une réflexion commune, avec nos clients, pour enrichir les séjours et séminaires, avec par exemple des cours de yoga ou de sport, l'intervention de coachs, des sessions de relaxation ou de nutrition* », précise le directeur Aurélien Guilloton.

L'intervention de spécialistes sur ces thèmes est une valeur ajoutée «*particulièrement appréciée par les entreprises*», ajoute Aurélien Guilloton. [...] «*Dans cette même logique, nous avons également diversifié notre offre pour les pauses de restauration lors des séminaires, désormais plus orientées vers le terroir, les produits locaux et le bien-être, en introduisant notamment des fruits secs, des graines de chia, ou encore une carte détox.* »

Francis Matéo, www.lhotellerie-restauration.fr, 5 mars 2020.

1 **Identifier les facteurs de production utilisés par l'Hôtel Spa de Fontcaude pour répondre aux besoins de la clientèle affaires.**

2 **Comment les services proposés à cette clientèle créent-ils de la valeur ajoutée ?**

3. Expliquer la création de valeur ajoutée

DOCUMENT **Données comptables des entreprises de la branche Hébergement et Restauration, en France (en millions d'euros)**

Activités	Nombre d'entreprises	Chiffres d'affaires	Valeur ajoutée	Frais de personnel
Hébergement	**51 354**	**25 521,4**	**10 974,2**	**7 901,4**
Hôtels et hébergement similaire	21 275	17 663,8	8 478,6	6 104,6
Hébergement touristique et autre hébergement de courte durée (résidences de tourisme, appartements…)	24 699	4 337,2	1 040,9	905,6
Terrains de camping et parcs pour caravanes ou véhicules de loisirs	5 099	2 256,8	1 060,7	625,8
Hébergement temporaire (internats, foyers…)	281	1 263,7	467,6	299,2
Restauration	**206 924**	**74 111,0**	**31 867,7**	**26 131,5**
Restaurants et services de restauration mobile	161 466	55 994,2	24 077,5	19 743,6
Traiteurs et restauration dans les lieux publics	10 654	12 099,7	5 565,9	4 953,6
Débits de boissons	34 804	6 017,1	2 587,4	1 707,7

Source : Insee – Esane 2018.

1 **Comparer le chiffre d'affaires moyen d'un hôtel, d'un restaurant et d'une entreprise de débit de boissons.**

2 **Repérer les activités d'hôtellerie-restauration qui génèrent le plus de valeur ajoutée par rapport au chiffre d'affaires.**

3 **Expliquer pourquoi ce sont des activités à forte valeur ajoutée.**

4. Expliquer la contribution des parties prenantes à la création de valeur

La Grée des Landes – Éco-Hôtel Spa Yves Rocher est un hôtel-restaurant situé dans le département du Morbihan.

DOCUMENT 1 La Grée des Landes en vidéo

Vidéo : Démarche Green Morbihan à La Grée des Landes
liennathan.fr/73vk6v

DOCUMENT 2 En quoi consiste Green Morbihan ?

[...] Il s'agit d'une marque, portée par une association de professionnels du tourisme. Elle est soutenue par le département [...] et [le label] sera visible des vacanciers. La démarche est née de la rencontre d'une volonté de professionnels engagés dans le développement durable et du département, à travers Morbihan tourisme. Au démarrage, on retrouve quatre établissements, certifiés Green globe : camping La Fontaine du Hallate (Plougoumelen), Éco-Hôtel Spa La Grée des Landes (La Gacilly), hôtel Thalazur (Carnac) et parc de Branféré (Le Guerno). [...]

Virginie Jamin, *Ouest-France*, 6 février 2019.

DOCUMENT 3 Avis client sur La Grée des Landes

4,5 Excellent ●●●●◐ 1 260 avis

●●●●◐	Emplacement
●●●●◐	Propreté
●●●●◐	Service
●●●●○	Rapport qualité / prix

Travellers' Choice

ÉcoLeaders Niveau Platine

Zénitude – Date du séjour : juillet 2021
Hôtel atypique, si vous cherchez un endroit calme, sans wifi, sans minibar, sans climatisation, pour une vraie détente, c'est l'endroit où il faut venir pour se ressourcer.
Un peu déconcertant au début, on se rend vite compte que rien ne manque en fait, et que tout le superflu n'est pas nécessaire.
Réserver le dîner absolument, il ne faut pas louper ce merveilleux et délicieux moment. Un repas excellent, des saveurs, des couleurs, toujours dans le bio, et l'ambiance zen. Un service impeccable parfaitement orchestré par une équipe où chacun sait ce qu'il doit faire. Excellent petit-déjeuner également.
Ne pas oublier un petit tour dans la piscine, et dans le spa, où règne toujours la même ambiance zen.
Malgré une arrivée contrariée par une réservation non conforme à notre demande, mais vite résolu par l'efficacité et la gentillesse de Charlotte, que nous remercions.
Nous y retournerons avec plaisir.

www.tripadvisor.fr

1 Comment les salariés contribuent-ils à la création de valeur dans cet hôtel-restaurant ?

2 Expliquer comment le site TripAdvisor et le département du Morbihan peuvent agir sur le chiffre d'affaires réalisé par La Grée des Landes.

3 À partir du site Internet de la Grée des Landes, montrer comment cet éco-hôtel parvient à créer de la valeur de manière responsable, à travers le choix de ses facteurs de production.

liennathan.fr/7md46c

Comment l'entreprise hôtelière crée-t-elle de la valeur ?

1 Création de richesse à partir des facteurs de production

....

» Ensemble des moyens humains mis en œuvre

Facteur capital

» ....

....

Capital ....

» Biens utilisés pour plusieurs productions

Capital ....

» Biens utilisés pour une seule production

Combinaison des facteurs pour la production des biens et services

» ....

= Appauvrissement de l'entreprise

Vente des biens et services produits

» ....

= Enrichissement de l'entreprise

Fiche de synthèse

2 Rémunération des parties prenantes grâce à la valeur ajoutée

Valeur ajoutée

- Définition : ....

....

- Formule de calcul : ....

Rémunération des parties prenantes ayant contribué à la création de valeur

Parties prenantes	Comment ont-elles contribué à la création de valeur ?	Que reçoivent-elles en échange ?
....	....	Salaire
Propriétaires	....	....
Banques	....	....
....	Par les services publics et les aides	....

3 Création de valeur responsable

Responsabilité sociétale de l'entreprise (RSE)

Préoccupations ....

Préoccupations ....

5 Quels sont les marchés sur lesquels intervient l'entreprise hôtelière ?

CAPACITÉS
- Repérer les marchés de l'entreprise hôtelière.
- Décrire le fonctionnement d'un marché.
- Expliquer le caractère concurrentiel des marchés de l'hôtellerie-restauration.

NOTIONS
- Marché
- Marchés amont (les fournisseurs) et aval (les clients)
- Offre, demande, prix
- Structure de marché : concurrence, monopole, oligopole

Marché des Capucins, Bordeaux

Préciser ce qui est échangé sur la photo et à quelle occasion l'entreprise hôtelière peut se rendre sur un marché.

....

....

....

....

SITUATION

Étudiant(e) au sein du lycée hôtelier, vous aimeriez ouvrir un food truck à la fin de vos études. Pour cela, vous avez besoin de connaître le marché afin de savoir si votre projet de création sera porteur ou non.

SITUATION 1
La diversité des marchés

1. Un forum pour l'emploi

2. Un bar-restaurant à Bordeaux

3. La vente à la criée

Le mode principal de vente du poisson frais est la criée, qui met face à face l'offre des pêcheurs et la demande du marché dans un lieu portuaire spécifique. Autrefois, les enchères étaient données à la voix dans la halle à marée, d'où le terme « criée » qui, par extension, a fini par qualifier aussi le lieu où se déroule cette vente.
Désormais, la vente informatique regroupe des acheteurs présents physiquement sur les lieux et des acheteurs agréés mais opérant à distance par Internet.

1 **Repérer, sur chaque photo, ce qui est échangé.**

- **Photo 1 :** ....
- **Photo 2 :** ....
- **Photo 3 :** ....

2 **Compléter le tableau suivant.**

	Qui sont les acheteurs ?	Qui sont les vendeurs ?	Le lieu d'échange est…
Photo 1	....	....	☐ réel ☐ virtuel ☐ local ☐ national
Photo 2	....	....	☐ réel ☐ virtuel ☐ local ☐ national
Photo 3	....	....	☐ réel ☐ virtuel ☐ local ☐ national

3 **Comment est fixé le prix sur chacun de ces lieux ?**

....

....

4 **En conclusion, quels sont les points communs de ces différents marchés ?**

....

....

SITUATION 2
Les marchés amont et aval d'un food truck

DOCUMENT 1 Truck de Chef

C'est qui ?
Originaire de Bordeaux, étudiant au lycée hôtelier de Talence, je pars à la conquête de Paris, où je travaille auprès de grands chefs dans des établissements de prestige tels que l'hôtel Bristol et le célèbre bistro gastronomique L'Os à Moelle pendant 10 ans.
Puis en 2006, l'opportunité se présente, en faisant l'ouverture de L'Atelier des Chefs à Bordeaux, un concept de cours de cuisine pour les particuliers.
Voulant faire découvrir ma cuisine et rester toujours au contact de mes clients, c'est en lisant un magazine que l'idée du food truck est devenue une évidence.

C'est quoi ?
Largement inspiré de la street food en provenance des États-Unis, Truck de Chef est un concept de camion/cuisine à la française, proposant une cuisine bistro de marché en version nomade, pouvant s'adapter à n'importe quel lieu ou désir culinaire.
Une cuisine de cuisinier en mouvement, accessible à tous, pouvant s'adapter à diverses activités simples ou prestigieuses, qu'elles soient pour les particuliers, les entreprises ou dans l'événementiel.
Une cuisine bistro de qualité, tout en fraîcheur, avec des recettes pratiques à manger, conçues pour être dégustées de façon nomade.

D'après https://truckdechef.com

DOCUMENT 2 Le food truck : une nouvelle tendance de consommation

Le « food truck » ou camion-cantine ambulant, inspiré d'un concept new-yorkais, est un nouveau mode de restauration nomade qui associe deux prestations en vogue : la restauration rapide conjuguée à la cuisine de qualité et de proximité.
Si les food trucks ne semblent pas être un concept nouveau au regard des camions à pizza ou encore des baraques à frites, ils se positionnent comme une alternative plus saine que les fast-foods à l'heure du déjeuner. Leur originalité est en effet de proposer des plats, composés de produits de qualité et locaux, préparés devant les clients dans des zones très fréquentées, où il n'y a pas ou peu d'offres de restauration. [...]
Le food truck [...] reflète l'évolution de nos modes de consommation à l'ère numérique : en moyenne, l'habitué est âgé de 30 ans, dépense 10 euros pour un repas et choisit son food truck *via* les réseaux sociaux ou encore les applications de géolocalisation sur smartphone.

www.economie.gouv.fr

DOCUMENT 3 Le choix des fournisseurs

Au moment de la création de Truck de Chef, la question du choix des fournisseurs s'est posée. Au niveau des produits alimentaires, il a fallu choisir la qualité, la quantité souhaitée et le circuit d'approvisionnement (grossistes, détaillants, locaux au marché des Capucins). En ce qui concerne l'achat du camion, il a fallu aussi se décider entre un camion neuf fabriqué sur mesure et un camion d'occasion.

1 **Quels peuvent être les clients de Truck de Chef ?**

....

....

2 **Auprès de qui Truck de Chef se fournit-il pour réaliser sa prestation de services ?**

....

....

SITUATION 3
Le marché et la concurrence

DOCUMENT 4 **Le marché des food trucks à Bordeaux**

Le propriétaire de Truck de Chef a géolocalisé à Bordeaux (icônes couverts rouges sur la carte) les différents emplacements des food trucks ouverts les jours et aux heures où il veut également être présent.
Il aimerait se positionner en centre-ville, non loin des quais de la Garonne et du marché des Capucins, où il se fournit et où il est sûr de rencontrer sa clientèle.
Dans ce cas, il ne sera pas seul : il y a déjà trois food trucks et la concurrence est forte. S'il s'éloigne vers le sud, en s'approchant de la gare Bordeaux-Saint Jean, il sera seul mais il y a une forte concentration de petits restaurants.

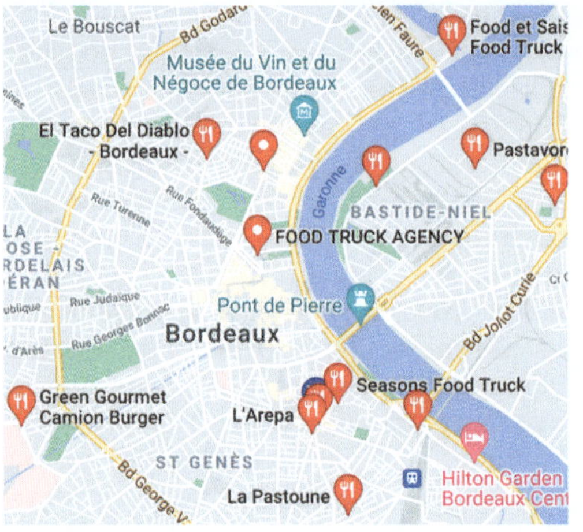

1 **Indiquer si les prix pratiqués par Truck de Chef peuvent être très éloignés ou très proches des concurrents s'il s'installe en centre-ville.**

....

....

....

2 **Aura-t-il des concurrents s'il décide de s'éloigner ? Nommer cette situation.**

....

....

....

3 **Le propriétaire de Truck de Chef sera-t-il en situation de pouvoir fixer ses prix comme il le souhaite ?**

....

....

....

4 **Au marché « paysan » des Capucins, les acheteurs et les vendeurs sont-ils nombreux ?**

....

....

....

5 **Peuvent-ils exercer une influence sur les prix ?**

....

....

....

I. Les marchés de l'entreprise hôtelière

1 La rencontre de l'offre et de la demande

a. La notion de marché

Un marché est un lieu de rencontre réel ou fictif de l'offre (vendeurs) et de la demande (acheteurs) sur lequel se fixent le montant des échanges (en quantités) et le prix (auquel l'échange s'effectue).

b. La diversité des marchés

Il n'existe pas un marché mais des marchés, qui présentent tous des points communs :
– le marché des **biens et services**, dont fait partie le marché de la restauration, où s'échangent des biens ou des services (prestation repas) ;
– le marché du **travail**, où se rencontrent l'offre de travail (les emplois demandés par les ménages) et la demande de travail (les emplois proposés par les entreprises), et où se fixe le prix du travail appelé « **salaire** » ;
– le marché des **capitaux**, dont le marché des changes (sur lequel s'échangent les devises et se forment les taux de change) ;
– le marché **financier** (la Bourse).
Un marché peut être local, national ou international.

2 Les marchés amont et aval

a. Le marché amont

Le marché amont correspond au lieu d'échange entre l'entreprise hôtelière et ses fournisseurs. Exemples : le marché des fruits et légumes, le marché du poisson, le marché de la viande, le marché de la fourniture d'énergie.

b. Le marché aval

Le marché aval correspond au lieu d'échange entre l'entreprise hôtelière et ses clients.

JE COMPRENDS LE COURS

1. Criée aux poissons à Blanes

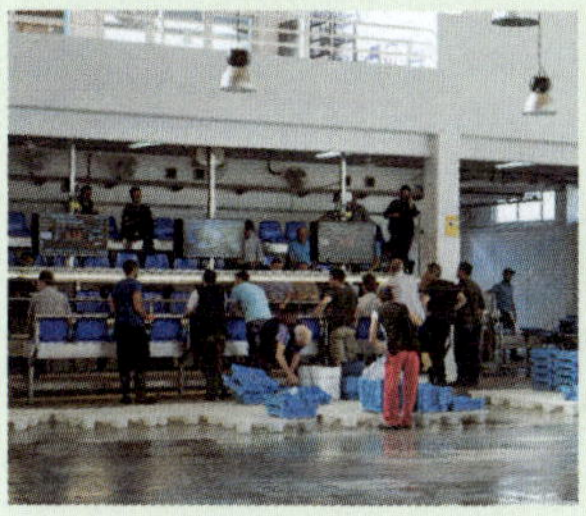

2.

3. Offre d'emploi

CHEF DE CUISINE H/F. Restaurant traditionnel à BORDEAUX. Cuisine de brasserie produits frais. Brigade de 3 personnes. 50 à 60 couverts le midi (formule du jour), 30 couverts le soir. Fermeture le DIMANCHE.
Prise de poste immédiate.
Contact : 06 02 13 XX XX ou lafabrique@free.fr

• **Identifiez les marchés ci-dessus et complétez le tableau.**

	Photo 1	Photo 2	Offre d'emploi
Marché	....	....	....
Offreurs	....	....	....
Demandeurs	....	....	....
Lieu géographique	....	....	....

COURS

II. Le fonctionnement du marché

1 L'offre

L'offre correspond à la quantité de biens ou services que les vendeurs souhaitent vendre à un prix donné. Elle est sensible à l'augmentation du prix : plus le prix est élevé, plus les entreprises sont prêtes à vendre. À l'inverse, plus le prix est faible, moins les entreprises sont prêtes à vendre.
L'offre est une **fonction croissante du prix de vente**, puisque les quantités offertes augmentent quand le prix augmente, et inversement.

2 La demande

La demande correspond à la quantité de biens ou services que les acheteurs sont prêts à acheter à un certain prix. Elle est sensible à une baisse des prix : plus les prix sont bas, plus les acheteurs sont nombreux sur le marché, et inversement.
La demande est une **fonction décroissante du prix**, puisque les quantités demandées diminuent quand le prix augmente, et inversement.

3 La fixation du prix d'équilibre

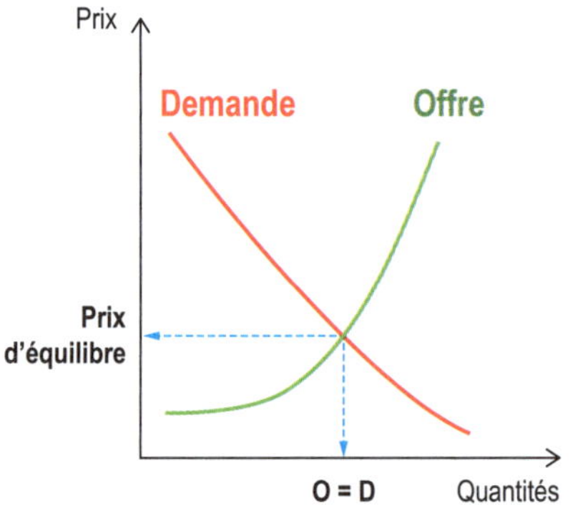

La rencontre de l'offre et de la demande sur un marché aboutit à la formation d'un prix tel que les quantités demandées sont égales aux quantités offertes : c'est le prix d'équilibre, prix auquel a lieu l'échange.
• **Si le prix de marché est supérieur au prix d'équilibre**, l'offre est supérieure à la demande, le marché est en excédent. Les producteurs vont diminuer les quantités produites (baisse de l'offre) ainsi que les prix afin de vendre. Comme les prix sont plus faibles, les acheteurs vont augmenter leur demande (hausse de la demande). Le processus de baisse des prix se poursuit jusqu'au retour à l'équilibre.
C'est la **loi de l'offre et la demande**.
Exemple : sur le marché des fruits et légumes, en pleine production, les prix ont tendance à baisser.
• **Si le prix de marché est inférieur au prix d'équilibre**, la demande est supérieure à l'offre, le marché est en pénurie. Les acheteurs vont accepter des prix plus élevés pour être sûrs d'acquérir le bien ou le service. Comme les prix sont plus élevés, les entreprises vont augmenter leur production (hausse de l'offre). Le processus de hausse des prix se poursuit jusqu'à l'équilibre, le modèle de marché est donc dit « autorégulateur ».
Exemple : sur le marché des fruits et légumes, en plein hiver, le prix des fraises augmente fortement.

JE COMPRENDS LE COURS

La boulangerie-pâtisserie Aux délices d'Amandine produit 100 couronnes bordelaises par jour, qu'elle vend à 1,30 €. 125 clients ont voulu en acheter. Le mois suivant, la boulangerie décide de doubler sa production, sans modifier le prix de vente. Seuls 125 clients en ont acheté une.

1. Que pouvez-vous en conclure ?

....

2. Que faut-il faire pour éviter les invendus et écouler le stock ?

....

....

III. Le caractère concurrentiel du marché de l'hôtellerie-restauration

1 Le marché concurrentiel

Un marché concurrentiel est un marché où il y a une multitude d'offreurs et de demandeurs. Dans cette situation, tous les acheteurs et vendeurs ont le même poids et le prix d'équilibre s'impose à eux, aucun n'est en mesure d'influencer ce prix. Les offreurs doivent tenir compte des concurrents et les acheteurs sont aussi en concurrence.

2 Les autres structures de marché

En fonction de l'offre et de la demande, il existe différents types de marché, dont le monopole et l'oligopole :
– le **monopole** est la rencontre entre un offreur et une multitude de demandeurs ;
– l'**oligopole** est la rencontre entre quelques offreurs et une multitude de demandeurs.

JE COMPRENDS LE COURS

• **Complétez le tableau ci-dessous en justifiant vos réponses.**

Exemples de marché	Type de marché	Justification
Le marché des sodas	....	....
Le marché du transport ferroviaire de passagers	....	....
Le marché du travail	....	....
Le marché des smartphones	....	....
Le marché de la restauration rapide	....	....

APPLICATIONS

1. Vrai ou faux ?

Déterminer si chacune de ces affirmations est vraie ou fausse et expliquer pourquoi.

1. Il n'existe qu'un seul marché.

2. La demande est une fonction croissante du prix.

3. Il n'existe pas de marché amont pour une entreprise hôtelière.

4. L'entreprise Coca-Cola est en situation de monopole.

5. Un marché en excédent est un marché équilibré.

2. Décrire le fonctionnement du marché des cornets de glace

Le tableau suivant indique le nombre de consommateurs qui achètent des cornets de glace chaque mois à différents prix. Si les cornets sont gratuits, les consommateurs en mangent 12 000, mais à 3 € pièce, ils n'en achètent que 2 000. Le tableau met ainsi en évidence la relation entre le prix du produit et la quantité demandée.

Prix des cornets de glace (en €)	Quantité offerte (en milliers)	Quantité demandée (en milliers)
0	0	12
0,50	1	10
1,00	2	9
1,50	4	8
2,00	6	6
2,50	8	4
3,00	12	2

1 **Représenter graphiquement l'équilibre de marché, en plaçant en abscisses (axe horizontal) les quantités demandées et offertes de cornets de glace, et en ordonnées (axe vertical), le prix d'un cornet.**

2 **Quel est le point d'équilibre ?**

3 **Si le prix du cornet était de 1 € :**
– combien les clients seraient-ils prêts à en acheter ?
– combien les entreprises seraient-elles prêtes à en vendre ?
Comment s'appelle cette situation de marché ? Que va-t-il se passer ?

4 **Reprendre la question 3 en appliquant le prix du cornet à 2,50 €.**

5 **Comment évolue la quantité qu'est prêt à acheter le demandeur lorsque le prix du cornet passe de 1 € à 2,50 € ? celle qu'est prêt à vendre l'offreur ?**

6 **Pourquoi, à un prix bas, un offreur peut-il refuser de produire et vendre des glaces sur un marché ?**

FICHE DE SYNTHÈSE

Quels sont les marchés sur lesquels intervient l'entreprise hôtelière ?

1 Définition du marché

Marché :

....

....

Marché amont

» échange avec ....

....

Marché aval

» échange avec ....

....

2 Marchés de l'entreprise hôtelière

- **Diversité des marchés**

Divers marchés

Marché des biens et des services

Marché ....

Marché ....

Marché ....

- **Fonctionnement du marché**

....

» fonction croissante du prix

....

» fonction décroissante du prix

....

» quantités demandées = quantités offertes

- **Loi de l'offre et de la demande**

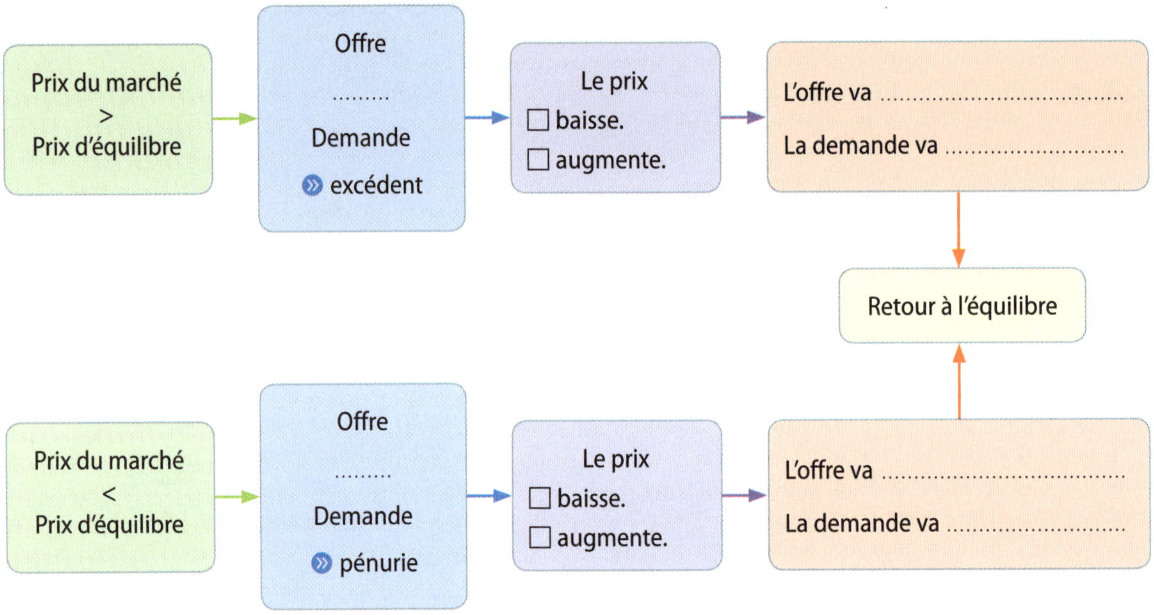

3 Caractère concurrentiel du marché de l'hôtellerie-restauration

	Marché concurrentiel	Monopole	Oligopole
Nombre de demandeurs	....	....	....
Nombre d'offreurs	....	....	....

6 Comment l'entreprise hôtelière s'approvisionne-t-elle ?

CAPACITÉS
- Repérer la nature des achats d'une entreprise hôtelière.
- Distinguer les critères de choix des fournisseurs.
- Repérer les documents en usage dans la relation fournisseur.

NOTIONS
- Marchandises, matières premières, autres approvisionnements
- Prix d'achat, coût d'achat
- Image
- Délais
- Qualité
- Documents commerciaux, TVA

....

....

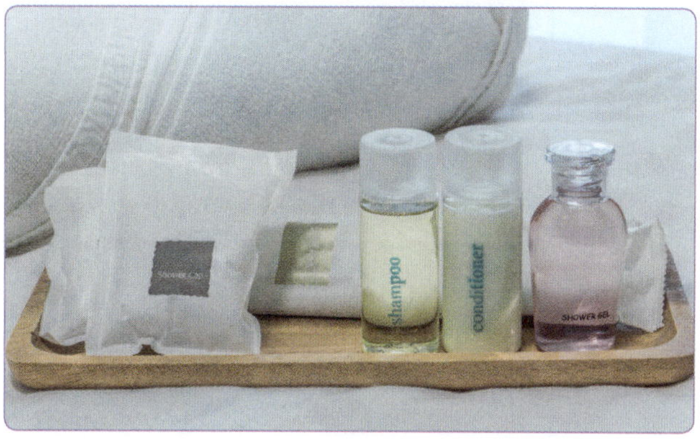

....

....

....

....

....

....

Préciser, sous chaque photographie, le bien acheté par l'entreprise hôtelière et l'usage qu'elle en fera dans son activité.

SITUATION

Célia et Tristan viennent de racheter un restaurant d'une capacité de 20 couverts à Antony, en proche banlieue parisienne. Ils s'interrogent sur les achats à réaliser pour l'établissement et la façon de se les procurer. Ils vous demandent de les aider dans leur réflexion.

SITUATION 1
Le choix des fournisseurs

Célia et Tristan s'interrogent sur l'intérêt de conserver le mode d'approvisionnement du précédent propriétaire. Ils ont recensé les possibilités qui s'offrent à eux quant aux différents circuits d'approvisionnement en restauration.

DOCUMENT 1 **Les circuits d'approvisionnement**

Le précédent propriétaire avait l'habitude de faire ses achats dans une grande surface spécialisée (un cash & carry, libre-service de gros) où il pouvait trouver tous les produits dont il avait besoin et les emporter directement dans son véhicule frigorifique.
Une amie de Célia et Tristan leur conseille de faire appel à un grossiste spécialisé en restauration. Cela leur permettrait de choisir parmi 12 000 références (denrées, boissons, produits d'hygiène), de se faire livrer une fois par semaine, ou plus fréquemment moyennant des frais de livraison. S'ils respectent des quantités minimums de commande, le grossiste leur accordera une ristourne pouvant aller jusqu'à 2 % de leurs achats et des délais de paiement au bout de 6 mois de fidélité.
Célia, passionnée de cuisine, préférerait choisir ses produits afin de composer chaque jour un menu différent ; elle envisage de se déplacer tous les matins, dès 6 h, sur le marché d'intérêt national de Rungis, où elle peut trouver tous les produits dont elle a besoin.
Tristan, le financier de l'affaire, lui propose de faire appel à un intermédiaire qui irait pour eux à Rungis choisir les produits, moyennant la facturation d'une commission.
Enfin, ils se demandent, puisque c'est une attente actuelle des consommateurs, s'il ne serait pas judicieux de choisir des fournisseurs locaux qui leur livreraient des produits frais tous les jours. Ils pourraient ainsi communiquer sur un approvisionnement « locavore » et sur la qualité organoleptique des produits.

1 **Relever les critères de choix des fournisseurs.**

....

....

2 **Recenser les avantages et les inconvénients de chacune des solutions envisagées en complétant le tableau ci-dessous.**

Solutions envisagées	Avantages	Inconvénients
Cash & carry	....	....
Grossiste spécialisé	....	....
MIN de Rungis	....	....
Intermédiaire acheteur	....	....
Fournisseurs multiples locaux	....	....

3 **Quelle(s) solution(s) conseilleriez-vous à Célia et Tristan ? Justifier votre proposition.**

....

....

SITUATION 2
La nature des achats

Popotes, Cantine Respectueuse est un « café-cantine » sur mesure qui propose de la restauration sur place ou à emporter (en click and collect) et des produits au logo de la marque depuis 2021. On y trouve des salades, des plats du jour et des pâtisseries. Plusieurs établissements sont ouverts à Paris, Lyon, Nantes et Toulouse.

DOCUMENT 2 **Propositions de vente chez Popotes, Cantine Respectueuse**

Plat du jour à consommer sur place

Plat du jour à emporter

Commande prête à livrer

1 **Identifier les biens que le restaurant Popotes a dû acheter et utiliser pour chacune de ses propositions de vente.**

Propositions de vente (bien final)	Biens nécessaires à la réalisation de la production
Plat du jour à consommer sur place	....
Plat du jour à emporter	....
Commande prête à livrer	....

DOCUMENT 3 **Produits vendus au comptoir au logo de la marque**

Couverts Bini, bol Mepal et sac

2 **À votre avis, ces produits au logo de la marque Popotes, Cantine Respectueuse ont-ils été produits (fabriqués) par le restaurant ?**

....

....

3 **D'après vous, comment Popotes, Cantine Respectueuse s'est-elle procuré ces biens ?**

....

....

4 **Énumérer la nature des biens nécessaires à la réalisation des propositions de vente de Popotes, Cantine Respectueuse et déterminer selon quels critères vous pourriez les classer. Justifier votre réponse.**

....

....

....

SITUATION 3
Les documents en usage dans la relation fournisseurs

Afin de réaliser ses ventes à emporter, Popotes, Cantine Respectueuse a besoin d'acheter des emballages. Après avoir cherché des fournisseurs répondant à ses besoins, les dirigeants ont choisi de travailler avec le fournisseur De Facto. Marion, la responsable du point de vente Popotes Mac-Mahon à Paris, a passé une commande d'emballages.

DOCUMENT 4 Les documents liés à l'achat des emballages

BON DE COMMANDE ENVOYÉ PAR MAIL

Date de livraison souhaitée : **Vendredi 30 avril 2021**

Contenu de la commande :

Ref.	Produit	Quantité	Prix
#VPT3040B	Grand verre à jus 30/40cl - (x50)	2 colis	8,26€
#PTSKH130DF	Pot à Salade Rond Marron en Carton Micro-Ondable 1300 ml 184 x 161 x h 66 mm - (x300)	1 colis	74,11€
#CVPTSKH130DF	Couvercle Rond Cristal pour Pot Rond Marron 1300 ml Ø 184 mm - (x300)	2 colis	74,22€
#CPPS93	Couvercle plat avec passage cristal 93 mm - 100u - rPET	2 colis	8,88€
#FCHIVORY	Fourchette blanche ivory biodégradable & compostable 168 mm - (x1000) - CPLA	1 colis	52,36€
#CUTIVORY	Couteau Blanc ivory biodégradable & compostable 178 mm - (x1000) - CPLA	1 colis	52,36€
Total :			**270,19€**

Informations complémentaires :

Bonjour,

Vous trouverez ci joint la commande pour le vendredi 30 Avril

Belle journée

Marion

Commande n°20584 passée le 29 April 2021, 12:32:30 PM GMT

DOCUMENT 4 *(suite)*

FACTURE

De Facto — Depuis 1996

Facture compta n°	Date	Client
FI7185	30/04/21	PMACMAHON

Assistance commerciale	Commercial	Votre commande	Date de livraison
JUSTINE			30/04/21

Adresse de livraison
COLLECTIF POPOTES MAC-MAHON
18 avenue Mac-Mahon
7h30-10h30
75017 Paris

COLLECTIF POPOTES MAC-MAHON
18 avenue Mac-Mahon
75017 Paris

Référence	Désignation	Qté cdée	Condit. paquet x pcs	P.U brut HT/paquet	P.U net HT/paquet	Montant total HT
	PL N° PM9493 du 29/04/21 - BL N° BM9393 du 29/04/21					
VPT3040B/A_DT	Gobelet Rond Cristal JUSSY 414 ml - 14 oz Ø 93 x h 106 mm 0.5kg PET	2 paquets	2 x 50 soit 100 pièces	5,27	3,79	7,57
CPPS93/A_DT	Couvercle Plat Avec Passage Cristal Ø 93 mm RPET	2 paquets	2 x 50 soit 100 pièces	6,60	5,15	10,30
PTSKH130DF/300	Pot à Salade Rond Marron en Carton Micro-Ondable 1200/1300 ml 185 x 160 x h 65 mm CARTON	1 colis	1 x 300 soit 300 pièces	78,23	61,02	61,02
CVPTSKH130DF	Couvercle Rond Cristal pour Pot Rond Marron/Blanc 1300 ml Ø 184 mm 6.1kg rPET	1 colis	1 x 300 soit 300 pièces	48,30	37,67	37,67
FCHIVORY	Fourchette Blanche IVORY Biodégradable & Compostable 168 mm 6.5kg CPLA	1 colis	1 x 1 000 soit 1 000 pièces	81,90	63,88	63,88
CUTIVORY	Couteau Blanc IVORY Biodégradable & Compostable 178 mm 5kg CPLA	1 colis	1 x 1 000 soit 1 000 pièces	81,90	63,88	63,88

DE FACTO FI7185 page 1

Code	Base	Taux	Montant
C05	244,32	20%	48,86
Total	244,32		48,86

Conditions de règlement
293,18 Virement 30/05/21

Conditions de livraison — Frais de port

TOTAUX	
Total HT	*244,32*
Taxes	*48,86*
Total TTC	*293,18*
Acompte	*0,00*
NET À PAYER	**293,18**

Paiement par chèque ou par virement anticipé à notre banque :
Banque Populaire de Noisy-Bondy 93130 Noisy-le-Sec
IBAN : FR7610207001280321016174993
BIC : CCBPFRPPMTG

Facture payable le 30/05/2021 pour la somme de 293,18 € par virement

Pénalités en cas de retard de paiement : taux d'intérêt légal + 3 % - Escompte pour paiement anticipé (Taux mensuel) : Pas d'escompte
Montant de l'indemnité forfaitaire pour frais de recouvrement due au créancier en cas de retard de paiement, conformément à l'article 121-II de la loi n°2012-387 du 22 mars 2012. Cette indemnité est fixée à 40 € par le décret n° 2012-1115 du 2 octobre 2012.
Nous nous réservons la propriété des marchandises jusqu'au complet paiement du prix par l'acheteur. Notre droit de revendication porte aussi bien sur les marchandises que sur leur prix si elles ont déjà été revendues (Loi du 12 mai 1980). Voir nos Conditions Générales de Vente.

Page 1

DE FACTO
Bât.1 - 5 Rue Mozart
Z.A. du Parc
93130 Noisy-le-Sec

Téléphone : 01 41 71 10 10
Télécopie : 01 41 71 13 13
Courriel : contact@de-facto.fr
Site : www.de-facto.fr

N.A.F. : 4690Z
N° Siret : 40381702600053
N° intracommunautaire : FR48403817026

DOCUMENT 4 (*suite*)

BON DE LIVRAISON

DE FACTO
Z.A. du Parc
Bât 1 - 5 Rue Mozart
93130 Noisy-le-Sec
Tél 01 41 71 10 10
Mail contact@de-facto.fr
Fax 01 41 71 13 13
SIRET 40381702600053
Capital 51500 €
R.C.S. 403817026 BOBIGNY
N/id FR48403817026

De Facto
Emballage alimentaire Éco-responsable

Bon de livraison n°	Date	Client
BM9393	29/04/21	PMACMAHON

Tél. livraison : 06.69.02.91.41

COLLECTIF POPOTTES MAC-MAHON
COLLECTIF POPOTTES MAC-MAHON
18 avenue Mac-Mahon
7h30-10h30
75017 paris

Réf. commande :
Assist. commerciale : JUSTINE
Date de livraison : 30/04/2021
Livreur :

Référence	Désignation	Qté Cdée	Condit. paquet x pcs	Poids brut
VPT3040B/A_DT	Gobelet Rond Cristal JUSSY 414 ml - 14 oz Ø 93 x h 106 mm 0.5kg PET	2 Paquet	2x50 soit 100 pièces	
CPPS93/A_DT	Couvercle Plat Avec Passage Cristal Ø 93 mm RPET	2 Paquet	2x50 soit 100 pièces	
PTSKH130DF/300	Pot à Salade Rond Marron en Carton Micro-Ondable 1200/1300 ml 185 x 160 x h 65 mm CARTON	1 Colis	1x300 soit 300 pièces	
CVPTSKH130DF	Couvercle Rond Cristal pour Pot Rond Marron/Blanc 1300 ml Ø 184 mm 6.1kg rPET	1 Colis	1x300 soit 300 pièces	6,1
FCHIVORY	Fourchette Blanche IVORY Biodégradable & Compostable 168 mm 6.5kg CPLA	1 Colis	1x1000 soit 1000 pièces	6,4
CUTIVORY	Couteau Blanc IVORY Biodégradable & Compostable 178 mm 5kg CPLA	1 Colis	1x1000 soit 1000 pièces	5

DE FACTO BM9393 page 1

Cartons total : 8 Poids brut total : 18

Nom : Prénom : Tampon

Signature :

Reserve de propriété : Nous nous réservons la propriete des marchandises jusqu'au complet paiement du prix par l'acheteteur. Notre droit de revendication porte aussi bien sur les marchandises que sur leur prix si elles ont deja ete revendues (Loi du 12 mai 1980). Voir nos Conditions Générales de Vente

1 **Distinguer les documents reçus et envoyés pour cet achat d'emballages.**

....

....

2 Reconstituer la chronologie d'émission de ces documents et indiquer qui est l'émetteur et le récepteur (Popotes ou De Facto) de chaque document en remplissant le tableau ci-dessous.

Document	Date d'émission	Émetteur	Récepteur
....	....	....	....
....	....	....	....
....	....	....	....

3 En rapprochant deux documents (à préciser), déterminer si la livraison des biens est conforme à la commande.

....

....

4 À partir des extraits de la facture de De Facto (document 4), répondre aux questions suivantes.

Référence	Désignation	Qté cdée	Condit. paquet x pcs	P.U brut HT/paquet	P.U net HT/paquet	Montant total HT
	PL N° PM9493 du 29/04/21 - BL N° BM9393 du 29/04/21					
VPT3040B/A_DT	Gobelet Rond Cristal JUSSY 414 ml - 14 oz Ø 93 x h 106 mm 0.5kg PET	2 paquets	2 x 50 soit 100 pièces	5,27	3,79	7,57

Code	Base	Taux	Montant	Conditions de règlement			TOTAUX	
C05	244,32	20%	48,86	293,18	Virement	30/05/21	*Total HT*	*244,32*
							Taxes	*48,86*
							Total TTC	*293,18*
Total	244,32		48,86	Conditions de livraison		Frais de port	*Acompte*	*0,00*
							NET À PAYER	**293,18**

Paiement par chèque ou par virement anticipé à notre banque :
Banque Populaire de Noisy-Bondy 93130 Noisy-le-Sec
IBAN : FR7610207001280321016174993
BIC : CCBPFRPPMTG
Facture payable le 30/05/2021 pour la somme de 293,18 € par virement

• Comment est calculé le total HT (hors taxes) pour les gobelets ?

....

....

• Quel est le montant à payer au fournisseur De Facto ?

....

• À quelle date doit être payée la facture et par quel moyen ?

....

• À quoi correspond la différence entre le montant total HT et le montant total TTC ?

....

....

• Retrouver par le calcul le montant de la taxe à partir du taux indiqué sur le document.

....

....

COURS

I. Les achats et les approvisionnements

Les achats et les approvisionnements relient l'entreprise et ses fournisseurs. Ces deux fonctions sont complémentaires. Bien distinctes dans les moyennes et grandes entreprises, elles sont généralement exercées par la même personne dans les petites structures.

1 Les achats

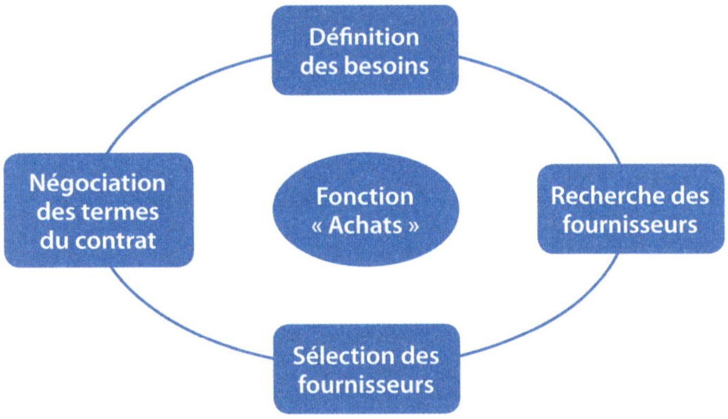

La fonction « Achats » consiste à définir les besoins en matières premières, fournitures, marchandises et services nécessaires à l'activité de l'entreprise afin de garantir sa rentabilité et sa compétitivité. L'entreprise recherche des fournisseurs, les sélectionne, établit les conditions du contrat (négociation des prix, des délais de livraison, des modalités de paiement…), travaille avec eux pour apporter la meilleure réponse possible à ses besoins.

2 Les approvisionnements

La fonction « Approvisionnements » permet de disposer des matières premières et des produits au moment adapté à la production de services réalisée par l'entreprise. Il s'agit de gérer les commandes, les stocks et les livraisons.

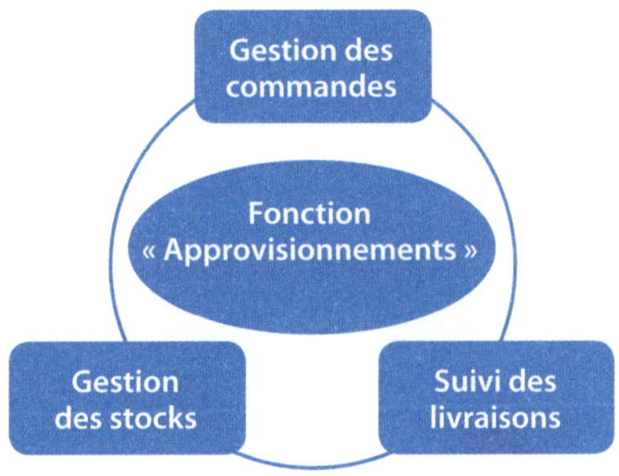

JE COMPRENDS LE COURS

- **Dans le tableau ci-dessous, rattachez chacune des missions à la fonction correspondante.**

Missions	Fonction « Achats »	Fonction « Approvisionnements »
Sélection des fournisseurs de viande	☐	☐
Commande de pain	☐	☐
Visite d'une cave et dégustation des vins proposés par le fournisseur	☐	☐
Vérification de la livraison de fruits et légumes	☐	☐

II. La nature des achats d'une entreprise hôtelière

Les biens achetés par une entreprise hôtelière sont classés en fonction de leur usage : revente en l'état ou incorporation dans le processus de production.

1 Les biens achetés et revendus en l'état : les marchandises

Ces biens sont achetés par l'entreprise, ne subissent aucune transformation, ne sont pas incorporés dans le processus de production et sont revendus en l'état. Il s'agit d'une activité purement commerciale (achat pour revente en boutique, par exemple).

2 Les biens achetés et incorporés dans le processus de production : les matières premières et autres approvisionnements

• Les **matières premières** sont utilisées et transformées pour la fabrication du produit final ou de la prestation de services (exemple : des denrées en restauration).
• Les **autres approvisionnements** sont les achats de matières ou fournitures consommées pendant le processus de production mais qui ne se retrouvent pas dans la composition du produit final ou de la prestation de services (exemple : des produits d'entretien).

JE COMPRENDS LE COURS

• **Reliez chacun des différents achats effectués par un hôtel-restaurant à la nature qui lui correspond.**

Achats effectués par un hôtel-restaurant	Nature des achats
Fruits et légumes •	
Bouteilles de vin pour service au restaurant •	
Produits d'accueil pour mise à disposition des clients dans les chambres •	
Cartes postales pour vente à la réception de l'hôtel •	• Marchandises
Épicerie pour fabrication des plats du restaurant •	
Bouteilles de vin pour vente à la boutique •	• Matières premières
Produits d'entretien pour le ménage •	
Essence pour la navette qui transporte les clients entre l'établissement et l'aéroport •	• Autres approvisionnements
Ramettes de papier pour les services administratifs •	
Pain pour service au restaurant •	

III. Les relations de l'entreprise hôtelière avec ses fournisseurs

1 Les critères de choix des fournisseurs

Du choix des fournisseurs va dépendre la performance globale de l'entreprise. La qualité des produits achetés a une importance considérable sur la qualité de la prestation de services fournie et donc sur la satisfaction des consommateurs. Le coût des produits achetés a un impact sur la profitabilité de l'entreprise. Il faut donc que l'acheteur détermine ses critères de choix des fournisseurs, qu'il les hiérarchise afin d'effectuer une sélection judicieuse.

Critères	Remarques
Prix d'achat	Il faut s'intéresser au prix d'achat net des remises accordées par le fournisseur.
Coût d'achat	Il faut ajouter au prix d'achat les frais accessoires liés à l'achat, notamment les coûts de livraison.
Qualité des produits	Ce critère est essentiel pour la qualité de la prestation délivrée et la satisfaction du consommateur.
Image	L'image du fournisseur et de ses produits est importante : fournisseur écoresponsable, produits labellisés, bio, locavores…
Délais de livraison	Les délais de livraison annoncés par le fournisseur doivent être en adéquation avec les besoins de l'entreprise et être respectés.
Délais de paiement	Les délais de paiement éventuellement accordés par le fournisseur à l'entreprise auront une incidence sur la trésorerie de celle-ci (argent disponible).

▶ JE COMPRENDS LE COURS

• **Calculez, pour chacun des fournisseurs ci-dessous, le coût d'achat de 216 bouteilles de gel douche de 45 ml.**

	Fournisseur A	Fournisseur B	Fournisseur C
Prix d'achat unitaire	0,35 €	0,38 €	0,33 €
Remise accordée	Néant	2 %	Néant
Coût de livraison	Néant	Néant	15 € par livraison
Coût d'achat	....	....	....

2 Les documents en usage dans la relation fournisseurs

L'achat auprès des fournisseurs des biens nécessaires à l'activité de l'entreprise implique une relation formalisée par des documents commerciaux permettant de s'assurer de la bonne procédure d'approvisionnement. Une fois les fournisseurs sélectionnés, la procédure est la suivante :

Commande

- Le bon de commande matérialise la commande passée par l'entreprise (références des articles et quantités).
- Il est émis par l'acheteur.
- Il peut être dématérialisé si l'entreprise commande directement sur le site du fournisseur (e-procurement).

Réception de la commande

- Elle correspond à la livraison des biens par le fournisseur.
- Elle est matérialisée par un bon de livraison obligatoirement joint à la livraison.
- Le réceptionnaire de la commande doit contrôler la conformité de la livraison avec la commande et signaler les différences ou les problèmes de qualité.

Facturation

- La facture est délivrée en même temps que le bon de livraison ou envoyée ultérieurement à l'entreprise par le fournisseur.
- Elle indique le montant à payer au fournisseur et les conditions de paiement (délai et moyen de paiement).
- Elle précise le montant hors taxes des achats et la TVA*.
- L'entreprise doit contrôler que la facture correspond aux biens livrés (quantités et prix).

* TVA = Montant HT × Taux de TVA. La TVA est un impôt indirect supporté par le consommateur final ; sur chaque facture figure un montant de TVA que l'entreprise doit payer au fournisseur mais qu'elle se fera rembourser par l'État.

▶ JE COMPRENDS LE COURS

• **Complétez la facture ci-dessous.**

	Prix unitaire HT	Quantité	Montant HT
Gel douche 45 ml	0,35 €	216	....
Lait corporel 45 ml	0,39 €	216	....
Savonnette	0,21 €	240	....
		Total HT	....
		TVA à 20 %	....
		Montant TTC à payer	....

1. Choisir les fournisseurs

DOCUMENT **Interview de Julien Boscus et Thibault Souchon**

Origines Restaurant : la première table de Julien Boscus

Julien Boscus offre une cuisine généreuse et soignée, pleine de bon sens, respectueuse des saisons, des produits et des hommes qui s'emploient à produire le meilleur.

Julien s'entoure dans cette aventure de Thibault Souchon, cofondateur et associé, qui compose également la carte des vins avec ses 350 références.

Qui s'occupe des approvisionnements dans votre établissement ?

Julien Boscus : Je m'occupe de tout ce qui a trait à la nourriture, à l'entretien et Thibault s'occupe des vins.

Comment choisissez-vous vos fournisseurs ?

J. B. : Tout part du produit. Le maître mot : sourcer des artisans avec la même philosophie que nous, des artisans de qualité. Nous passons soit en direct, soit par l'intermédiaire de Terroirs d'Avenir.

Dans chaque domaine, nous avons quelques producteurs et fournisseurs : les pigeonneaux De Mesquer, pour les fruits nous travaillons avec un producteur du Tarn qui fournit aussi l'Élysée, notre pain vient de chez Jean-Luc Poujauran, tout est fait en petits réseaux mais nous travaillons aussi avec Terroirs d'Avenir pour des raisons pratiques.

Le critère prix est important, mais ce n'est pas le plus important en gastronomie car nous avons la chance d'avoir des clients qui peuvent se permettre de payer plus pour des produits de qualité.

C'est surtout une histoire de philosophie et de valeur. Notre maître mot, c'est : produits, producteurs, produits finis. Nous avons une mentalité d'artisan.

Thibault Souchon : Pour les vins, c'est la même chose : il y a plein de petits producteurs qui sont des artisans et qu'il faut mettre en avant. Il faut pouvoir raconter une histoire aux consommateurs, des anecdotes sur les parcelles, sur les découvertes.

J. B. : Dans notre communication, nous voulons mettre en avant ces producteurs artisans. Il ne faut pas oublier qu'on n'est rien sans eux.

À quelle fréquence vous faites-vous livrer ?

J. B. : Cela dépend des fournisseurs. Avec Terroirs d'Avenir, nous pouvons avoir des livraisons quotidiennes ; avec les petits producteurs, nous sommes plutôt sur une fréquence de 1 à 2 fois par semaine. Par exemple, avec notre fournisseur de burrata en Italie, nous passons les commandes le jeudi pour une livraison le mercredi suivant car le fournisseur lance sa fabrication le lundi, les produits sont sur la route le mardi et nous les recevons le mercredi.

Il faut anticiper nos besoins car nous sommes une petite structure et nous ne pouvons pas trop stocker, ni nous permettre de jeter, sinon notre coût matières explose.

T. S. : Le prix des produits, on y fait attention bien sûr, mais ce n'est pas le plus important et on préfère ne pas négocier pour rester sur des produits d'exception, et tant pis pour la marge. On doit donc être très vigilants sur les livraisons et le stockage pour ne pas exploser le coût matières.

J. B. : Il nous est déjà arrivé de ne plus travailler avec un fournisseur qui avait pourtant des produits exceptionnels, mais nous n'étions jamais assurés de recevoir nos commandes, donc c'est impossible à gérer. Si un poisson n'arrive pas, c'est gérable, on supprime le plat de la carte pour une journée, mais si aucun poisson n'arrive, c'est impossible, on n'a pas de stock.

À l'aide de l'interview ci-dessus, expliquer pourquoi, en restauration, le prix d'achat ne doit pas être le seul critère de choix des fournisseurs et comment les achats contribuent à la performance globale de l'entreprise hôtelière.

2. Gérer le processus d'approvisionnement

Pour des raisons pratiques, Julien Boscus a choisi de s'approvisionner chez Terroirs d'Avenir, fournisseur de produits frais de qualité, issus de l'agriculture paysanne, de l'élevage et de la pêche durables, qui s'adresse aux professionnels de la restauration et aux particuliers.

DOCUMENT Relevé de factures (extraits)

TERROIRS D'AVENIR
depuis 2008

FACTURE N° FCL2021092413

Terroirs d'Avenir
7 rue du Nil 75002 Paris
https://www.terroirs-avenir.fr/

Tél. commercial : 01 85 09 84 00
Tél. comptabilité : 01 85 09 84 39
Mail : comptabilite@terroirs-avenir.fr

ORIGINES
6 RUE DE PONTHIEU
46B25
75008 PARIS
France

Date de facture	N° de facture	Code client	Commercial	Date d'échéance	Mode de règlement
10/09/2021	FCL2021092413	C2752153	Marion Planché	30/09/2021	LCR (Lettre de Change Relevé)

Référence	Description	Lot	Colis	Pièce	Quantité	CW Qty	Prix unitaire	Mt HT	TVA
Aucune commande									
	Aubergine panachée		0,0	0,0	1,000 Colis	7,0000 kg	4,80	33,60 €	5,5
	Figue cat. II		0,0	0,0	1,000 Colis	3,0000 kg	6,50	19,50 €	5,5
							Total BL n°	53,10 €	
Commande n° S09271 du 09/09/2021BL n° WH/OUT/14955 du 10/09/2021,BL n° WH/OUT/15134 du 10/09/2021									
Adr. liv. : ORIGINES - 6 RUE DE PONTHIEU 75008 PARIS									
	Tourteau mâle	20210909-FOU00800-18406	0,0	1,0	1,000 Pièce	1,4800 kg	9,50	14,06 €	5,5
	Thon rouge	20210908-FOU00158-18195	0,0	1,0	1,000 Pièce	17,5000 kg	21,00	367,50 €	5,5

HT Marchandises	HT Emballages	HT Taxes	TVA	NET A PAYER
2 519,11 €			138,56 €	2 657,67 €

Condition de paiement : 20 jours

Des pénalités de retard d'un montant égal à dix fois le taux légal et une indemnité forfaitaire de 40 euros pour frais de recouvrement de paiement après expiration du délai de règlement indiqué ci-dessus.
Modalité d'application : Articles L.441-3 et L.441-6 du Code de Commerce et décret n°2012-1115 du 2 octobre 2012

TERROIRS D'AVENIR, 7 rue du Nil, 75002 Paris
SAS au capital de 133 300,00 €
RCS PARIS TVA FR13508448651 Siret 50844865100051 APE 4639B

C2752153	ORIGINES	
Facture :	FCL2021092413	**Total facture : 2 657,67 €**
Date de facture :	10/09/2021	Solde au 10/09/2021
Date d'échéance :	30/09/2021	2 657,67 €

1 À partir du document ci-dessus, retrouver par le calcul le montant de la TVA et le montant TTC.

2 Quelles sont les conditions de paiement accordées par Terroirs d'Avenir ? En quoi est-ce positif pour Origines ?

3 Expliquer l'intérêt pour Julien Boscus de s'approvisionner chez Terroirs d'Avenir.

Comment l'entreprise hôtelière s'approvisionne-t-elle ?

1 Fonctions reliant l'entreprise et les fournisseurs

Fonction	Fonction ....
• Définition des besoins de l'entreprise	• ....
•	• ....
•	• ....
•	• ....

2 Nature des achats de l'entreprise hôtelière

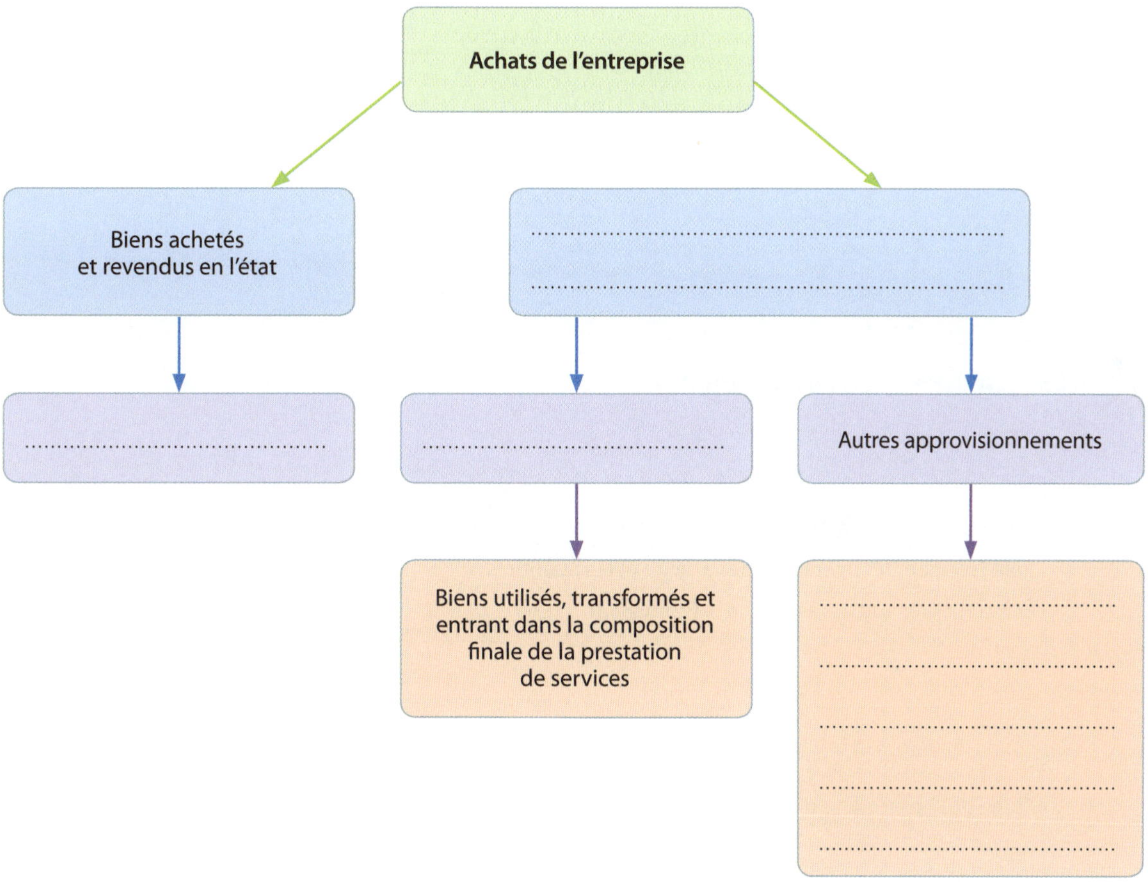

Fiche de synthèse

3 Critères de choix des fournisseurs

Critères

- ……………………………………………………………………
- ……………………………………………………………………
- ……………………………………………………………………
- ……………………………………………………………………
- ……………………………………………………………………
- ……………………………………………………………………

4 Documents commerciaux

……………………………………………………………

- Étape de la procédure d'approvisionnement : lors de la commande
- Rôle : contient les références des articles et les quantités
- Émetteur / récepteur : acheteur → fournisseur

↓

Bon de livraison

- Étape de la procédure d'approvisionnement : ……………………………………………………………
- Rôle : ……………………………………………………………
- Émetteur / récepteur : ……………………………………………………………

↓

……………………………………………………………

- Étape de la procédure d'approvisionnement : ……………………………………………………………
- Rôle : ……………………………………………………………
- Émetteur / récepteur : ……………………………………………………………

7 À quelle demande l'entreprise hôtelière répond-elle ?

CAPACITÉS
- Identifier les besoins du consommateur.
- Distinguer les différents types de consommateurs.
- Quantifier l'activité d'une entreprise hôtelière.
- Repérer les évolutions de la demande dans le secteur.

NOTIONS
- Besoins, motivations, freins, comportement
- Client, usager, convive
- Indicateurs commerciaux : chiffre d'affaires, prix moyen, taux d'occupation, taux de fréquentation
- Système d'information mercatique

Farid, commercial dans une entreprise de vente de produits surgelés, va séjourner dans une région afin de trouver de nouveaux clients.

....

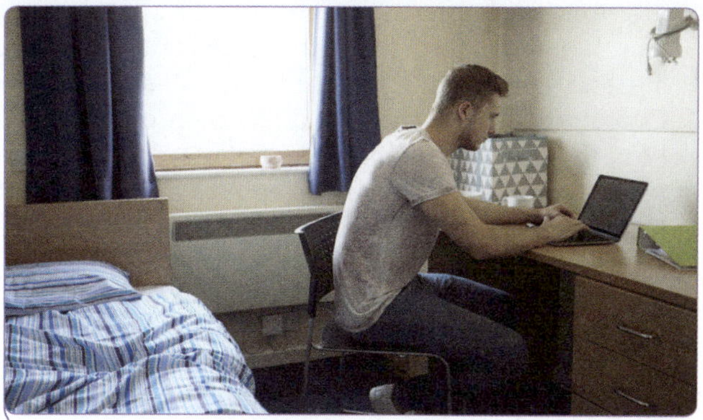

Yohan occupe une chambre à l'internat de son lycée.

....

....

Pierre et sa famille passent une semaine dans un hôtel en Italie au cours de l'été.

....

....

Léna a invité ses amies à passer deux nuits dans des chambres situées dans des arbres.

....

....

Préciser, sous chaque entreprise proposant un hébergement :
– ce qui, à votre avis, a motivé le choix de cet hébergement ;
– qui paie le séjour et qui en bénéficie.

SITUATION

Vous effectuez votre stage au sein de la Région Grand Est, dans un hôtel-restaurant 2 étoiles disposant de 20 chambres. La fréquentation de cet établissement est en baisse depuis quelque temps. Le propriétaire, M. Duchemin, souhaite que vous l'aidiez à mieux comprendre les attentes des consommateurs.

SITUATION 1
L'évolution de la consommation des Français

DOCUMENT 1 Les Français vont de plus en plus au restaurant, la vente au comptoir s'envole

Quelles sont les spécificités du « mangeur » français ?
[...] Les Français « se posent » pour manger, de préférence pas seuls, avec un temps moyen à table de 31 minutes contre 1 h 30 dans les années 1970. Le temps du repas semble aujourd'hui se stabiliser [...] contrairement aux Américains qui sont descendus à 19 minutes !!
Le Français est surtout un mangeur paradoxal [...] : il fait (dit faire) attention à ce qu'il mange [mais] le restaurant reste [...] un lieu de plaisir où le tandem gras-sucré est roi dans les statistiques de vente. [...]

Quelles sont les évolutions récentes des différentes formes de restauration ?
Globalement, le nombre de repas pris hors domicile augmente partout en France. Mais les Français ont des attentes de plus en plus marquées. Ils sont pressés mais beaucoup moins que nos voisins européens. [...] Ils sont à la recherche de qualité, de goût, d'expériences nouvelles et d'informations sur le contenu de leur assiette. En conséquence, les formes de restauration évoluent.
La restauration distribuée au comptoir ou en libre-service se développe mais surtout monte en gamme. À l'opposé, la gastronomie se réinvente, donnant naissance à la bistronomie, petites tables ouvertes par de jeunes chefs, plus abordables et qui s'affranchissent des codes classiques : cartes plus courtes et à rotation rapide, pas de nappe, vaisselle simple et on ouvre les cuisines pour tout montrer. [...]

D'après une étude de B. Boutboul du cabinet Gira, 17 mars 2019.

1 Donner les principales évolutions de la consommation des Français au restaurant.

....

....

....

....

2 Comment le secteur de la restauration s'est-il adapté à ces évolutions ?

....

....

....

....

SITUATION 2
Comment mesurer l'activité hôtelière

DOCUMENT 2 Tenir des statistiques pour son hôtel : pas si bête !

Chez Coach Omnium, nous sommes toujours surpris de rencontrer des hôteliers qui ne tiennent pas de statistiques d'activité pour leur établissement.
Lors d'une enquête en 2018, nous avions noté que 35 % des exploitants indépendants interrogés déclaraient ne pas gérer de statistiques [...]. Pourquoi ? Pas le temps, pas l'envie, ou tout simplement n'y voyant aucun intérêt ou utilité.
C'est un peu comme si un commandant de paquebot naviguait sans ses instruments, uniquement à vue, y compris par temps de brouillard ou de tempête.
[...] Pour faire du commerce, il faut [cependant] savoir comment se comportent les clients chez soi et comment, par rapport à ça, organiser son offre et ses ventes. [...]

DOCUMENT 2 (*suite*)

Pourtant, que d'erreurs peut-on éviter, [...] que d'efficacité commerciale peut-on développer en exploitant un minimum de statistiques d'activité [...] pour bien diriger un hôtel, avec à la clef une réactivité.

Tenir des statistiques d'activité vient en plus de tout ce que l'on peut savoir sur son hôtel et sur ceux de ses concurrents *via* le Net, sur les sites de commentaires de voyageurs. Qu'on les traite avec un bon PMS (*Property Management System*, système global qui gère l'opérationnel hôtelier), avec des tableurs Excel ou encore avec un simple cahier, une gomme et un crayon. L'essentiel est de les tenir et d'en faire bon usage.

[Les principaux indicateurs à suivre sont les suivants :]

• **TAUX D'OCCUPATION (TO) :** [...] C'est la fréquentation par la clientèle. [...] Plus on se rapproche des 100 %, mieux c'est [...]. Mais le taux d'occupation est un indicateur qui peut être un objectif et qui doit être comparé avec les données des périodes précédentes, et pourquoi pas, avec celles de l'Insee pour sa destination, le seul baromètre conjoncturel hôtelier fiable [...] ;

• **PRIX MOYEN CHAMBRE (PMC) :** il est l'indicateur complémentaire au taux d'occupation. Il s'agit du résultat monétaire des ventes de chambres [...]. On calcule le prix moyen chambre en divisant le chiffre d'affaires HT hébergement réalisé par le nombre de chambres louées. [...]

L'observation du PMC est surtout intéressante, comme pour le TO, par son évolution. Un PMC en chute peut avoir pour origine un grand nombre de raisons : une activité faible qui induit une baisse des prix, une politique commerciale qui cherche à favoriser le taux d'occupation quitte à vendre peu cher à certaines cibles, beaucoup de tarifs négociés ou réduits, etc. [...]

Mark Watkins, www.coachomnium.com, 12 février 2019.

1 **Quels sont les indicateurs commerciaux les plus importants à suivre ? Expliquer ce qu'ils permettent de comprendre.**

....

....

....

....

2 **Que faut-il faire et comment faut-il faire pour pouvoir calculer ces indicateurs ?**

....

....

....

....

....

3 **Ces indicateurs commerciaux ont-ils un sens lorsqu'ils sont utilisés seuls ?**

....

....

....

....

....

SITUATION 3
Les motivations et les freins des consommateurs

DOCUMENT 3 **Propos de clients relevés dans un restaurant**

1. « J'ai trop envie de manger un steak avec des frites car je n'ai pas eu le temps de prendre un petit-déjeuner ce matin et je meurs de faim. »

2. « J'aimerais bien choisir le tartare de bœuf mais j'ai peur d'être malade si celui-ci n'est pas frais. »

3. « J'ai vu sur Instagram que mes amis venaient dîner ici. Cela m'a donné envie de venir. »

4. « J'ai choisi ce restaurant pour déjeuner car la carte est bien présentée et l'établissement semble très propre. »

5. « Le chef est très innovant, il permet de découvrir de nouvelles saveurs. C'est un vrai bonheur de manger ici ! »

6. « Ici, c'est vraiment un endroit top ! Je vais faire une story qui va les rendre tous dingues ! »

7. « Tous mes amis n'ont pris qu'un plat. J'aimerais bien prendre un menu, mais comme on divise l'addition, je vais faire comme eux. »

1 **Classer les situations ci-dessus selon qu'il s'agit de motivations ou de freins à la consommation.**

Motivations (éléments qui incitent à consommer)	**Freins** (éléments qui empêchent la consommation ou qui l'orientent vers d'autres produits)
....	....
....	....
....	....
....	....
....	....
....	....

2 **Indiquer si la venue au restaurant répond au même besoin pour tous ces clients. Justifiez.**

....

....

....

....

3 **Parmi les freins, choisir une situation et expliquer comment on peut y remédier.**

....

....

....

SITUATION 4
La prise de décisions grâce au système d'information marketing (SIM)

DOCUMENT 4 **Extraits de statistiques d'activités d'une pizzeria**

Nom de la pizza	Pourcentage de vente
4 fromages	25,13 %
Reine	20,06 %
Margarita	10,62 %
Calzone	9,58 %
Chèvre miel	7,32 %
[...]	[...]
Kebab	1,19 %
Total	**100,00 %**

DOCUMENT 5 **Classement des pizzas préférées des Français**

La pizza 4 fromages est la pizza préférée des Français, avec 24,74 % des voix.
En deuxième position, on trouve la pizza Reine avec 14,38 % des voix puis la pizza Hawaï avec 5,41 % et la Margarita avec 5,29 %.
Les autres pizzas sont la Calzone, la Savoyarde, la Salami, la Chèvre miel...

D'après www.hellofresh.fr

1 **À votre avis, comment les informations figurant dans les documents 4 et 5 ont-elles été obtenues ?**

....

....

....

....

....

....

2 **Quel est l'intérêt de comparer ces deux types de données ?**

....

....

....

....

....

....

3 **Pensez-vous que les propositions faites par le restaurant sont adaptées aux attentes des consommateurs ?**

....

....

....

....

....

....

....

I. Les besoins des consommateurs en hôtellerie-restauration

1 La notion de besoin

Le besoin est un sentiment de manque qu'une personne cherche à combler par la consommation d'un bien ou d'un service. La plupart du temps, cela donne lieu à une dépense monétaire.

2 La classification des besoins

On distingue les besoins primaires, dont la satisfaction est indispensable à la survie (manger, boire, dormir, respirer, être en sécurité…), des besoins secondaires, qui apparaissent en fonction de l'époque, de la civilisation à laquelle on appartient (manger dans un restaurant tendance, consommer une boisson qui correspond à un art de vivre, dormir dans un hébergement innovant…).

JE COMPRENDS LE COURS

Une des classifications des besoins les plus utilisées est celle proposée par le psychologue américain Abraham Maslow. Celui-ci distingue cinq niveaux de besoins, le passage d'un niveau à l'autre ne pouvant s'effectuer que si les besoins du niveau inférieur sont satisfaits.
Les deux premiers niveaux de la pyramide correspondent à des besoins primaires, les niveaux supérieurs à des besoins secondaires.

• **Donnez deux besoins secondaires liés à l'alimentation et à l'hébergement et justifiez vos choix.**

………………………………………………………………………………………………………

………………………………………………………………………………………………………

………………………………………………………………………………………………………

………………………………………………………………………………………………………

3 Les éléments qui influent sur les consommations

a. Les motivations et les freins

Les consommateurs sont à la fois poussés vers certaines consommations (motivations) et freinés dans leurs achats (freins).
Trois types de motivations peuvent inciter un consommateur à acheter un produit :
– les **motivations hédonistes** consistent à se faire plaisir (exemple : choisir un plat plutôt qu'un autre bien qu'il soit plus cher) ;
– les **motivations oblatives** correspondent à la volonté de faire plaisir à autrui (exemple : emmener ses enfants dans un fast-food alors qu'on n'y serait pas allé seul) ;
– les **motivations d'auto-expression** représentent le fait de s'exprimer au travers de ce que l'on consomme (exemple : se rendre dans un restaurant très populaire pour montrer à ceux qui nous connaissent que l'on est dans la tendance).

À l'opposé des motivations, certains éléments viennent freiner les achats :
– les **inhibitions** résultent d'un phénomène d'autocensure (exemple : choisir de consommer un plat végétarien car les amis avec qui on partage le repas sont végétariens) ;
– les **peurs** empêchent l'individu d'agir (exemple : un client qui surveille ses apports caloriques commandera une salade plutôt qu'un burger).

b. Les caractéristiques liées aux consommateurs

Les consommations sont aussi influencées par le milieu socioculturel dans lequel on évolue, les contraintes budgétaires et les expériences de consommation.

JE COMPRENDS LE COURS

Orientations alimentaires de différents pays

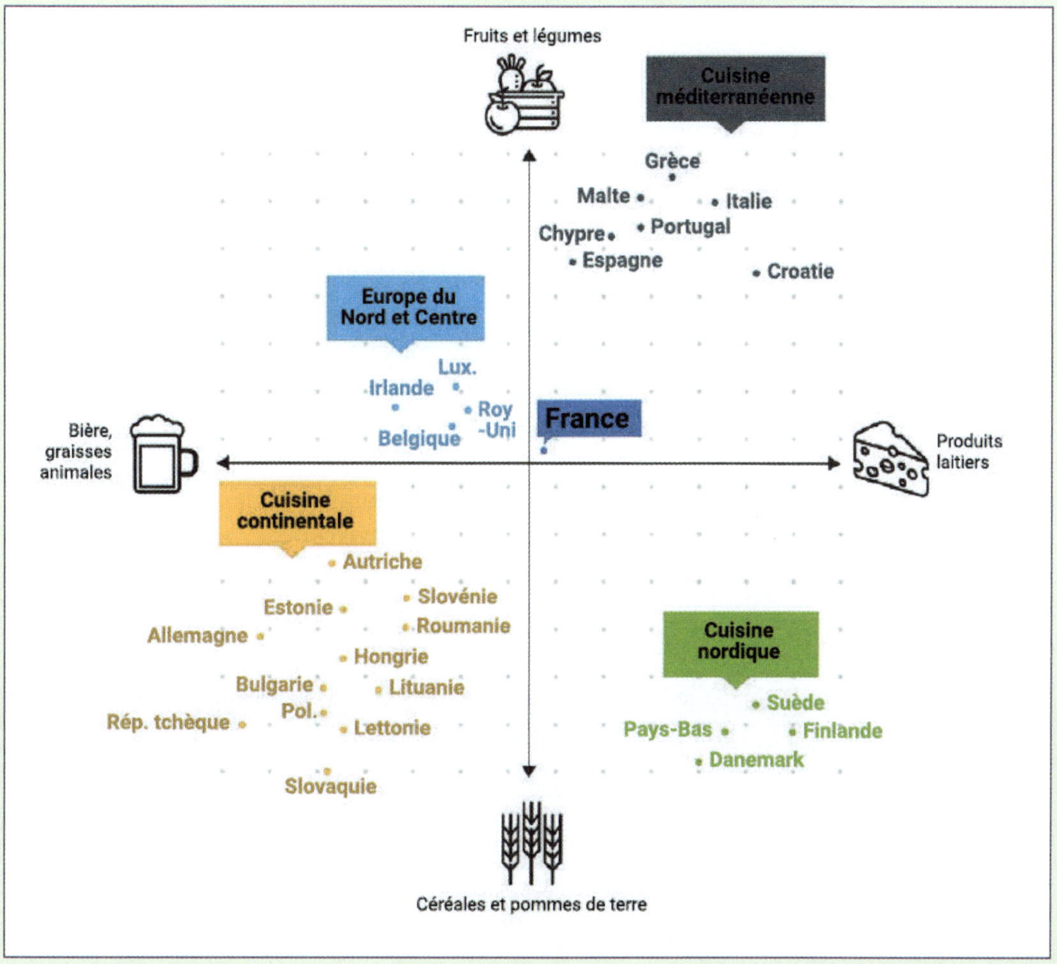

Infographie FIG Data, lefigaro.fr, 29 août 2019.

1. Comment expliquer que, dans les pays qui pratiquent la cuisine méditerranéenne, la consommation de fruits et légumes est très importante ?

....

....

....

....

....

2. Pourquoi la France a-t-elle une position centrale sur le graphique ?

....

....

....

....

COURS

II. Les différents types de consommateurs en hôtellerie-restauration

1 Le client et l'usager

La satisfaction des besoins d'un individu se réalise par l'achat d'un bien ou d'un service. On peut acheter ces produits à une entreprise privée (un hôtel, un restaurant…) – le consommateur est alors appelé « client » – ou à une entreprise publique (l'internat d'un lycée, une cantine scolaire…) – le consommateur est alors appelé « usager ».
Le prix payé par le client permet à l'entreprise de couvrir le coût de revient et de dégager une marge bénéficiaire. L'usager ne paie généralement qu'une part du coût réel du service, l'autre partie étant prise en charge par l'État ou les collectivités territoriales.
Le consommateur est libre de choisir l'entreprise privée à laquelle il souhaite recourir ; en revanche, le choix est souvent imposé par la situation lorsqu'il a recours à une entreprise publique (exemple : un lycéen ne peut pas manger dans la cantine de son choix, il doit le faire dans celle de son lycée).

2 Le convive

Certaines personnes occupent une chambre d'hôtel ou consomment des repas au restaurant sans que ce soit elles qui paient ; elles sont alors appelées « convives » (exemple : des grands-parents qui invitent leurs enfants et petits-enfants au restaurant afin de célébrer leurs noces d'or sont les clients et les membres de leur famille sont les convives).

JE COMPRENDS LE COURS

• **Pour chacune des situations suivantes, choisissez le type de consommateur.**

Situations	Client	Usager	Convive
M. Mangenot déjeune avec ses collègues au restaurant.	☐	☐	☐
Tom, âgé de 10 ans, participe aux animations estivales et prend le repas prévu par la mairie.	☐	☐	☐
Nicolas et Sophie assistent au repas de mariage de leur ami d'enfance.	☐	☐	☐
Paul profite de la pause méridienne pour aller manger des tacos dans un restaurant proche de son lycée.	☐	☐	☐
Eva habite loin de son lycée. Afin de pouvoir suivre ses études, elle dort à l'internat.	☐	☐	☐
Plusieurs amis ont été invités au restaurant afin de célébrer un anniversaire.	☐	☐	☐

III. Les indicateurs commerciaux en hôtellerie-restauration

Il est important, pour une entreprise, de calculer et de suivre l'évolution de différents indicateurs commerciaux afin d'assurer sa pérennité. La plupart des indicateurs commerciaux sont calculés hors taxes (HT).

1 Les principaux indicateurs utilisés en hôtellerie

a. Le chiffre d'affaires (CA)

Le CA rend compte de l'activité et permet de réaliser des comparaisons dans le temps pour vérifier que l'entreprise continue à être attractive. Il se présente généralement HT afin d'éliminer les effets des variations du niveau des taxes.

Il se calcule en faisant la somme de toutes les ventes réalisées HT ou en déduisant la taxe sur la valeur ajoutée (TVA) du CA toutes taxes comprises (TTC).
Pour obtenir la valeur TTC d'un bien, on applique la formule : **Prix HT × (1 + Taux de TVA)**
Pour trouver le prix HT d'un bien, on applique la formule : **Prix TTC / (1 + Taux de TVA)**

JE COMPRENDS LE COURS

- **Un hôtel réalise un CA TTC de 873 810 €. Le taux de TVA en hôtellerie est de 10 %. Calculez le CA HT.**

....

....

b. Le taux d'occupation (TO)

Le TO exprime la part des chambres louées sur une période et met en évidence le niveau de fréquentation d'un établissement, la saisonnalité de l'activité et les évolutions d'une période par rapport à une autre. Il se calcule ainsi :

$$TO = \frac{\textbf{Nombre de chambres louées}}{\textbf{Nombre de chambres disponibles}} \times 100$$

En France, les hôtels affichent en moyenne un TO de 62 %. Les hôtels indépendants non classés n'excèdent généralement pas 50 % d'occupation. À l'inverse, les hôtels les plus luxueux affichent un taux de remplissage de 75 % en moyenne !

JE COMPRENDS LE COURS

- **Un hôtel dispose de 38 chambres et en loue 24. Calculez son TO.**

....

....

c. Le prix moyen par chambre (PMC)

Le PMC est un indicateur complémentaire au TO. Il exprime le prix de vente des chambres. Il se calcule par la formule suivante :

$$PMC = \frac{\textbf{Chiffre d'affaires HT de l'hébergement}}{\textbf{Nombre de chambres louées}}$$

Comme pour le TO, l'observation du PMC est surtout intéressante par son évolution.

d. Le RevPAR (*Revenue Per Available Room*)

Le RevPAR est un indicateur qui englobe à la fois le taux d'occupation et le prix moyen par chambre. Il se calcule ainsi :

$$\textbf{RevPAR = PMC HT} \times \textbf{TO}$$

JE COMPRENDS LE COURS

- **Un hôtel dispose de 50 chambres. Il en loue 30 et obtient un PMC de 75 €. Calculez son RevPAR et son CA de deux façons différentes.**

....

....

e. Le taux de captage

Le taux de captage du petit-déjeuner ou du dîner est le pourcentage de clients logés dans l'hôtel qui y prennent un petit-déjeuner ou un dîner. Il est calculé grâce à la formule suivante :

$$\text{Taux de captage du petit-déjeuner} = \frac{\text{Nombre de clients ayant pris le petit-déjeuner}}{\text{Nombre de clients séjournant à l'hôtel}} \times 100$$

JE COMPRENDS LE COURS

- **Un hôtel dispose de 50 chambres. Il loue 30 chambres occupées par 42 personnes. 29 personnes prennent le petit-déjeuner et 35 le dîner. Calculez le taux de captage du petit-déjeuner et celui du dîner.**

....

....

2 Les principaux indicateurs utilisés en restauration

a. Le ticket moyen (TM)

Le TM représente ce que dépense, en moyenne, chaque client. L'un des objectifs du restaurateur est d'augmenter le TM par l'action des serveurs, qui proposent aux clients des prestations supplémentaires par rapport à ce que ces derniers avaient prévu (une bouteille de vin, un dessert…). Il se calcule ainsi :

$$\text{TM} = \frac{\text{Chiffre d'affaires HT du restaurant}}{\text{Nombre de couverts servis}}$$

JE COMPRENDS LE COURS

- **Un restaurant disposant de 65 places est ouvert midi et soir. Il a servi 1 930 personnes pour un CA de mensuel de 48 250 €. Calculez le ticket moyen pour ce mois.**

....

....

b. Le taux de fréquentation (TF)

Le TF indique le pourcentage de places occupées dans le restaurant. Il se calcule par la formule suivante :

$$\text{TF} = \frac{\text{Nombre de couverts servis}}{\text{Nombre de places disponibles}} \times 100$$

En comparant la fréquentation d'un jour à l'autre, d'une semaine sur l'autre, d'une année à l'autre, en intégrant des données externes comme la météo (soleil, pluie…), les vacances scolaires…, le restaurateur obtient une référence permettant d'anticiper la fréquentation de son restaurant, de décider des périodes de fermeture ou de prévoir des actions commerciales pour dynamiser ses ventes.

JE COMPRENDS LE COURS

- **Un restaurant disposant de 65 places est ouvert midi et soir. Il a été ouvert 27 jours en mars et a servi 1 930 personnes. Calculez le taux de fréquentation pour ce mois.**

....

....

IV. Le système d'information mercatique (SIM)

Un SIM est un ensemble structuré de moyens et de procédures qui permet de collecter, de calculer et de diffuser des informations nécessaires aux prises de décision.

1 Les avantages du SIM

Le SIM permet à l'entreprise :
– d'une part, de mener une veille mercatique afin de s'adapter aux évolutions du marché et ainsi de proposer des biens et/ou des services qui vont permettre de satisfaire les nouveaux besoins des consommateurs (développement du click and collect, de la livraison…) ;
– d'autre part, de prendre des décisions en permanence (quels menus proposer ? Quels prix fixer ? Quelle promotion mettre en place ?…).
Pour effectuer ses choix, l'entreprise doit pouvoir s'appuyer sur les nombreuses données qu'elle a collectées, en particulier grâce à son SIM.

2 Le fonctionnement du SIM

a. La composition du SIM

Le SIM se compose :
– de matériels informatiques (ordinateurs, logiciels) ;
– d'hommes capables de saisir des données, d'effectuer la maintenance… ;
– d'une base de données (ensemble des informations recueillies par l'organisation).

b. Les informations à obtenir

Les principales informations à obtenir sont relatives :
– aux clients : quelles sont leurs attentes ? leurs commandes ? Quand viennent-ils ? Quel prix paient-ils ? D'où viennent-ils ?
– à la concurrence : que proposent les concurrents directs et indirects de l'entreprise ? Quels prix pratiquent-ils ?

c. La récupération des informations

Les caisses enregistreuses permettent, à partir de la saisie de données brutes (exemples : la commande d'un menu composé d'un soda, d'un burger et d'une glace), de réaliser des traitements qui vont permettre d'éclairer les décisions de l'entreprise. Celle-ci peut ainsi déterminer les plats les plus vendus, le moment de la journée où ces plats sont vendus…
Les bornes de commande, que l'on trouve généralement dans les fast-foods, permettent en plus de collecter des informations sur les consommateurs qui peuvent s'identifier avec leur compte (menus commandés, moments de consommation…). Il est dès lors possible de leur proposer des programmes de fidélisation personnalisés.

JE COMPRENDS LE COURS

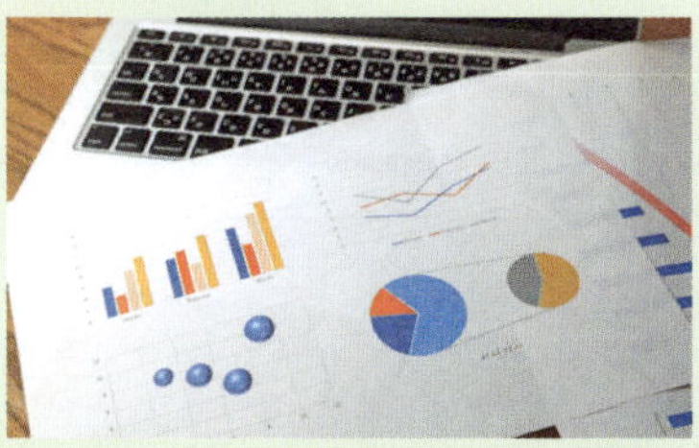

1. Quelles sont les sources d'information pour le SIM dans un hôtel ? dans un restaurant ?

………

2. En quoi le SIM peut-il être utile à un hôtel ?

………

1. Vrai ou faux ?

Déterminer si chacune de ces affirmations est vraie ou fausse et expliquer pourquoi.

1. Les besoins primaires sont des besoins qui sont indispensables à la survie.

2. Les motivations hédonistes poussent le consommateur à réaliser des achats afin de faire plaisir aux autres.

3. Le convive est celui qui paie l'addition au restaurant.

4. Le chiffre d'affaires représente l'argent encaissé par l'entreprise sur une période donnée.

5. Le prix moyen par chambre est fonction du nombre de clients.

6. Le taux de captage du petit-déjeuner permet de mesurer le nombre de clients de l'hôtel.

7. Le système d'information mercatique permet d'orienter les décisions prises par l'entreprise.

8. Le système d'information mercatique collecte des données relatives aux clients et à la concurrence.

2. Quantifier l'activité d'un hôtel

L'hôtel Foch, ouvert 360 jours dans l'année, dispose de 38 chambres.

Indicateurs commerciaux de l'hôtel Foch

Indicateurs	Année N	Année N-1	Évolution
Nombre de chambres disponibles	....	13 680	....
Nombre de chambres louées	....	....	....
Taux d'occupation (TO)	....	62 %	....
Prix moyen par chambre (PMC)	....	76 €	....
Chiffre d'affaires	640 224 €	....	....

1 **Compléter le tableau ci-dessus.**

2 **Expliquer pourquoi l'hôtelier a voulu faire évoluer son PMC entre l'année N-1 et l'année N.**

3 **Quel est l'impact de l'évolution du PMC sur le TO ? sur le CA ?**

3. Identifier les besoins des clients afin de les capter

DOCUMENT 1 **Comment les clients choisissent-ils leur hôtel ?**

[...] Cela n'a guère changé depuis ces dernières années. C'est toujours la localisation, surtout pour les voyageurs d'affaires, le prix et la bonne réputation (e-réputation) qui sont les critères prépondérants pour opter pour un hôtel. Les clients ne sont plus que 14 % à tenir compte des étoiles, contre 64 % en 2008. C'est désormais le prix qui permet de se faire une idée de la gamme hôtelière, les étoiles n'ayant pas de crédibilité sur ce registre, ni sur celui de la qualité. [...]

Mark Watkins, Coach Omnium, 26 février 2019.

DOCUMENT 2 **Conseils d'une experte du domaine hôtelier**

Marie B. nous fait part de son expérience pour attirer les clients.

Les hôtels se livrent souvent à une guerre des prix pour attirer les clients. Pour sortir de celle-ci, il peut être utile :

– de déterminer les besoins et les motivations des différents segments de clientèle afin de choisir ceux que l'on peut le plus facilement conquérir. On pourra ainsi décider d'orienter les dépenses de communication vers les segments adaptés aux spécificités de l'hôtel ;

– d'utiliser les moyens de communication adaptés aux cibles visées (si l'on vise les Millennials, il sera judicieux de communiquer *via* les réseaux sociaux en réalisant des partenariats avec des influenceurs ; si l'on vise une clientèle bien-être, il faudra privilégier la presse féminine spécialisée) ;

– de choisir le contenu du message qui incitera les consommateurs à acheter (ainsi, une coupe de champagne pourra être offerte aux couples qui veulent profiter d'un séjour dédié au bien-être alors que les Millennials seront plus sensibles au petit-déjeuner offert) ;

– de soigner sa réputation et surtout son e-réputation en répondant systématiquement aux avis déposés sur TripAdvisor, Google et en incitant les clients satisfaits à rédiger un avis ;

– d'analyser régulièrement les retours sur investissement de ses campagnes afin d'y apporter les corrections éventuelles.

1 **M. Albert est directeur de l'hôtel Foch*** à Nancy, à proximité de la gare SNCF et très proche de la gare routière, aux abords du centre-ville.
Compte tenu de sa localisation, pourquoi ne bénéficie-t-il pas d'un flux de clients plus important ?**

2 **Conseiller M. Albert afin qu'il attire de nouveaux clients.**

4. Optimiser ses ventes grâce au SIM

DOCUMENT **Pourquoi et comment McDonald's change la façon d'attribuer ses ventes ?**

Avec ses 5 milliards d'euros de chiffre d'affaires et ses 1 450 points de vente en France, McDonald's s'impose encore comme le leader de la restauration rapide en France. Pour préserver son premier rang, l'enseigne a décidé de changer la façon de mesurer ses ventes et, *in fine*, d'identifier de nouvelles opportunités de développement et de croissance. [...] [Romain Girard, directeur administratif et financier de McDonald's France, déclare :] « [...] *Avant, nous regardions les ventes par point de vente, produit, heure et protéine, et jamais de manière poussée, par typologie de clients.* » [L'enseigne a changé de vision pour analyser ses ventes dans un contexte de bouleversement du marché], avec l'arrivée – ou le retour – de O'Tacos, Five Guys, Burger King, KFC ou, encore, Marie Blachère, notamment, mais aussi d'Uber Eats et des distributeurs qui se lancent [dans] la restauration rapide (tels que Carrefour ou Franprix, à Paris). Sans compter sur les changements impulsés par la livraison à domicile pour des petits points de vente, l'évolution des comportements alimentaires des clients et la digitalisation poussée par des acteurs comme La Fourchette.

[...] McDonald's a donc fait appel à Ekimetrics, cabinet de conseils en data science, [qui a mené] un audit pour [utiliser] les données à disposition, permettant ainsi de mieux comprendre les consommateurs. « [...] *Les tickets de caisse représentent une richesse incroyable, mais aussi des millions de lignes à organiser.* » Les données [qui représentaient 2 téraoctets ou 6 milliards de lignes ont] été enrichies avec les données des cartes de fidélité, de la livraison à domicile et des points de vente. Puis, des typologies de clients ont été constituées, définies par des critères clés [...], comme le comportement de consommation (seul, en famille, en groupe) et le moment de consommation (le matin, le midi ou le soir, notamment).

[Connaître le comportement des typologies aidera à mieux cibler les clients en fonction des occasions. Si l'on sait que les groupes d'amis, après un match de rugby, commandent régulièrement des menus Big Mac plus des bières, McDonald's aura tout intérêt à faire une réduction sur ces packages lors du Tournoi de VI Nations pour attirer les supporters, plutôt que mettre en avant les Sundays.]

Floriane Salgues, www.e-marketing.fr, 12 mars 2019.

1 **Pourquoi McDonald's a-t-il souhaité développer son SIM ?**

2 **Quels sont les objectifs de cette évolution ?**

3 **Quels sont les moyens utilisés pour y parvenir ?**

À quelle demande l'entreprise hôtelière répond-elle ?

1 Notion de besoin

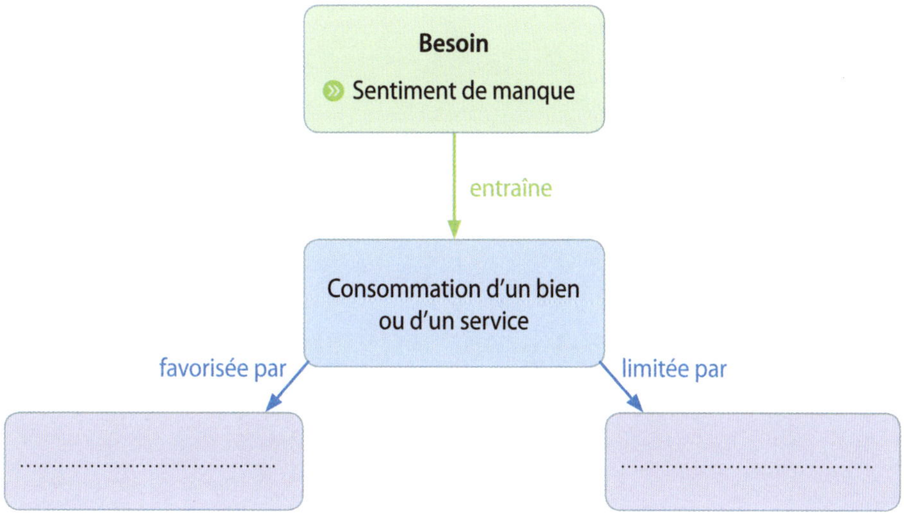

2 Types de consommateurs

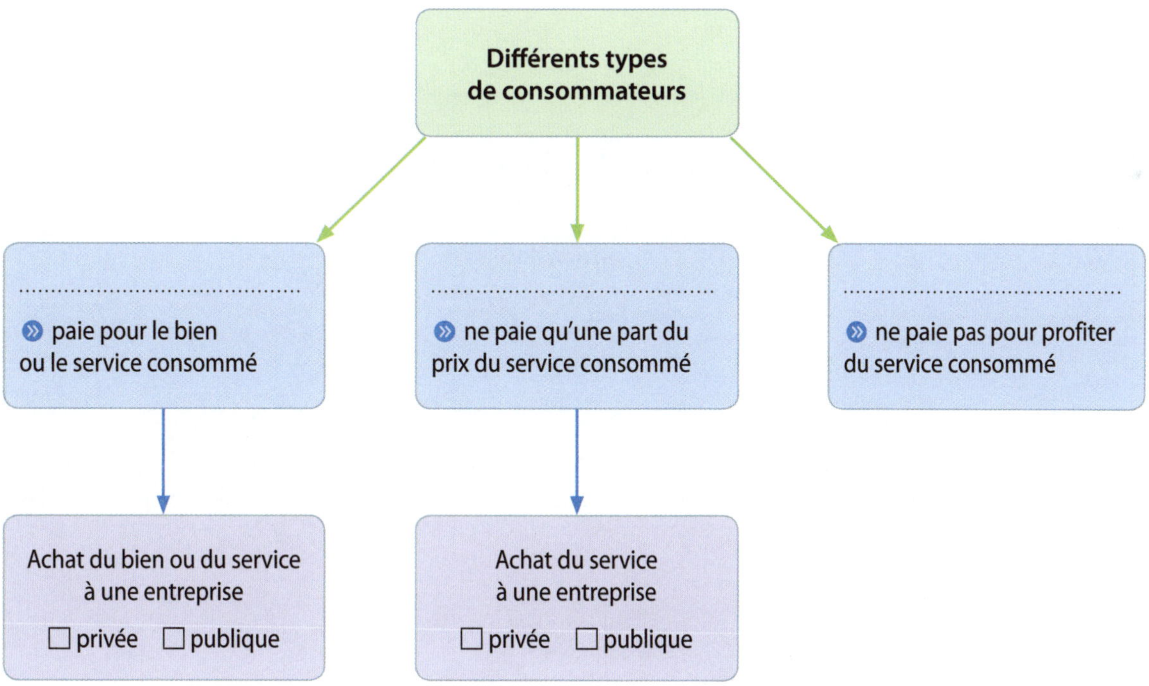

FICHE DE SYNTHÈSE

3 Principaux indicateurs commerciaux en hôtellerie-restauration

Nom de l'indicateur	Calcul de l'indicateur
....	Somme de toutes les ventes HT
Taux d'occupation (TO)	....
Prix moyen par chambre (PMC)	....
....	$\frac{\text{Chiffre d'affaires HT}}{\text{Nombre de couverts servis}}$
....	$\frac{\text{Nombre de couverts servis}}{\text{Nombre de places disponibles}} \times 100$
....	PMC HT × TO
Taux de captage	....

4 Système d'information marketing (SIM)

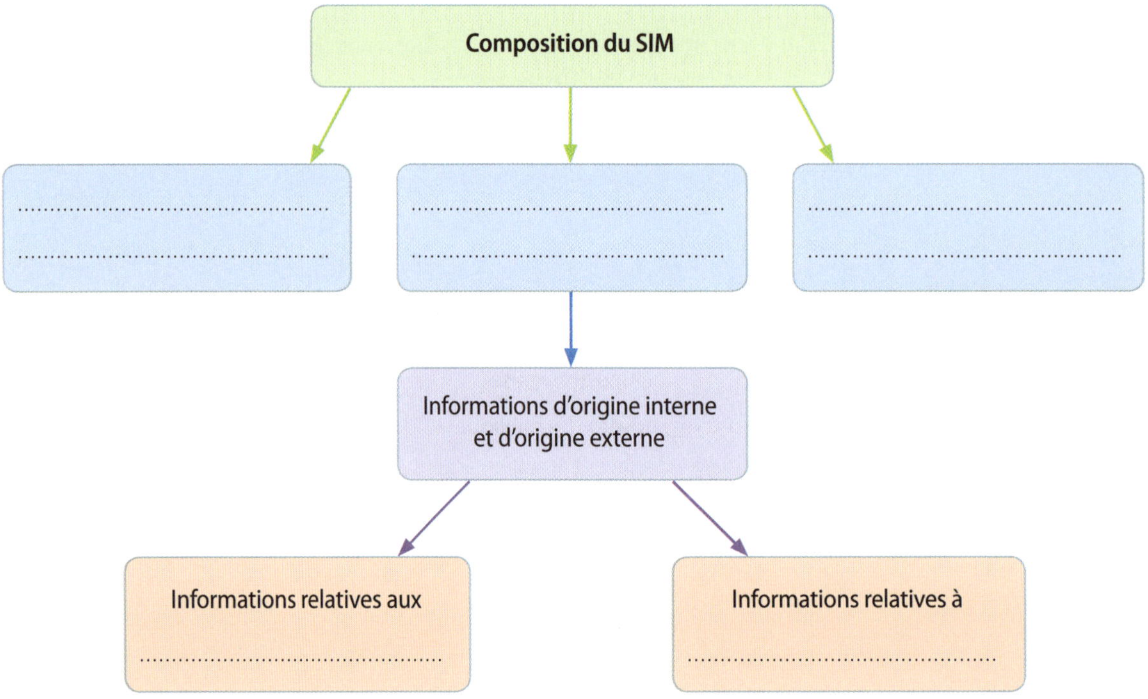

8 Comment repérer les concurrents d'une entreprise hôtelière ?

CAPACITÉS
- Décrire une offre commerciale en hôtellerie-restauration.
- Identifier les concurrents sur une zone délimitée.
- Comparer des offres commerciales concurrentes.

NOTIONS
- Offre commerciale : produit, prix, services associés
- Zone de chalandise
- Concurrence directe/concurrence indirecte

Laurène prend un apéritif au bar de son hôtel.

....

Julie assure le service du déjeuner.

....

La chambre de M. et Mme Camus est prête à les accueillir.

....

Le spa de l'hôtel est ouvert en libre-service de 10 h à 22 h.

....

1 **Préciser, sous chaque prestation de l'hôtel-restaurant Le Prestige, s'il s'agit d'un service de base ou d'un service accessoire.**

2 **Quels sont les intérêts de proposer des services accessoires ?**

....

....

SITUATION

L'entreprise dans laquelle vous êtes accueilli(e) est dans un environnement très concurrentiel. Pour se démarquer, il est nécessaire d'étudier la concurrence et de développer une activité originale.

SITUATION
L'offre commerciale d'un hôtel-restaurant

DOCUMENT 1 **Présentation de l'hôtel-restaurant Les Thermes**

L'hôtel-restaurant Les Thermes se situe à Plombières-les-Bains, une station thermale célèbre pour ses eaux chaudes naturelles aux vertus thérapeutiques. Surplombant la ville, niché au cœur de la forêt vosgienne, ce grand chalet montagnard dispose de 10 chambres cosy et chaleureuses alliant tradition et modernité. Classé 4*, l'hôtel offre, dans chaque chambre, tout le confort nécessaire pour un séjour d'exception : téléphone, wifi gratuit haut débit, téléviseur LCD, sèche-cheveux, peignoir de bain et chaussons, WC et douche, coin bureau, minibar, coffre-fort, machine à café et à thé, et surtout un spa privatif (bain à remous, bain finlandais ou sauna, selon les chambres). Le restaurant gastronomique propose des mets du terroir à base de produits locaux et de saison. Dans le parc arboré, les clients disposent d'un minigolf et d'un espace spa (massages sur réservation) avec une piscine intérieure chauffée ouverte, dès la belle saison, sur une terrasse ensoleillée. L'établissement offre également un room-service, un service de blanchisserie pour les effets personnels des clients (nettoyage, repassage) et un lounge bar au coin de l'âtre dans le hall d'entrée, ouvert le soir jusqu'à 23 h.

DOCUMENT 2 **Extrait des tarifs de l'hôtel-restaurant Les Thermes**

Prestations	Prix en € TTC (tarif de base) par personne
Nuitée	149 €
Petit-déjeuner continental	17 €
Déjeuner – menu en 4 services	À partir de 40 €, hors boissons
Dîner – menu en 4 à 6 services	De 45 à 90 €, hors boissons Accord mets-vin à partir de 17 €
Massages – Spa	30 min à partir de 50 €

1 **Compléter le tableau ci-dessous en précisant s'il s'agit de prestations principales ou de services accessoires.**

Description de la prestation	Offre principale	Service accessoire	Prix
....	☐	☐	....
....	☐	☐	....
....	☐	☐	....
Autres :	☐	☐	

2 **Déduire du tableau précédent les trois principaux éléments qui caractérisent l'offre commerciale d'une entreprise hôtelière.**

....

....

DOCUMENT 3 La clientèle de l'hôtel-restaurant Les Thermes

Le week-end, la clientèle de l'hôtel-restaurant Les Thermes est essentiellement composée de couples sans enfants. En semaine, des curistes, dans la continuité des soins prodigués aux thermes de Plombières-les-Bains, s'y ressourcent en toute quiétude. Les origines de la clientèle de l'hôtel-restaurant et les motifs de séjour sont détaillés dans les graphiques ci-dessous.

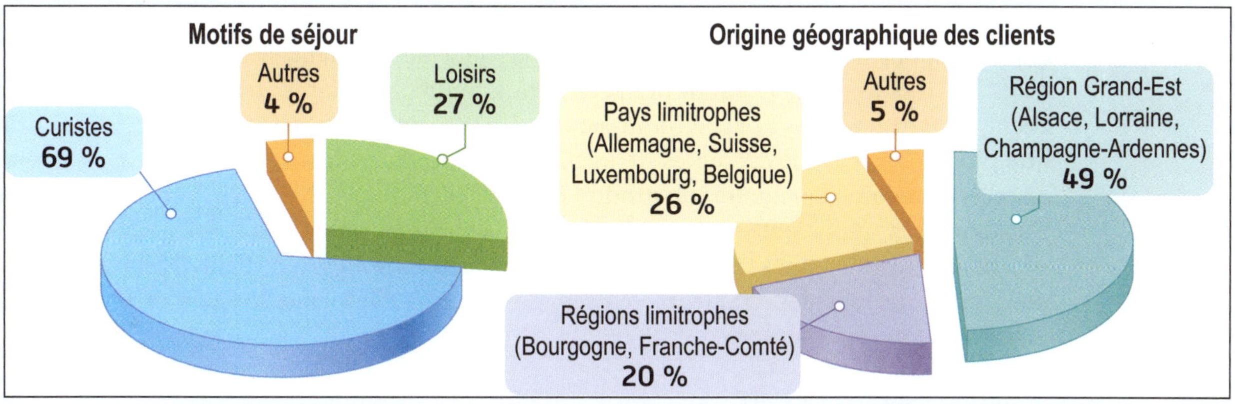

3 D'où provient l'essentiel de la clientèle de l'hôtel-restaurant Les Thermes ?

....

....

4 Quelles peuvent être les raisons pour lesquelles l'hôtel-restaurant Les Thermes s'attache à connaître les motifs de séjour et les origines de sa clientèle ?

....

....

....

DOCUMENT 4 Les principales stations thermales des Vosges

Les curistes viennent à Plombières-les-Bains pour les propriétés de ses eaux sur les troubles de l'appareil digestif et les douleurs articulaires. Trois autres stations thermales sont réputées dans les Vosges: Contrexéville (surcharges pondérales, maladies du rein et du foie), Vittel (troubles rénaux et digestifs, douleurs articulaires) et Bains-les-Bains (pathologies cardiaques, propriétés adoucissantes, sédatives et hypotensives).

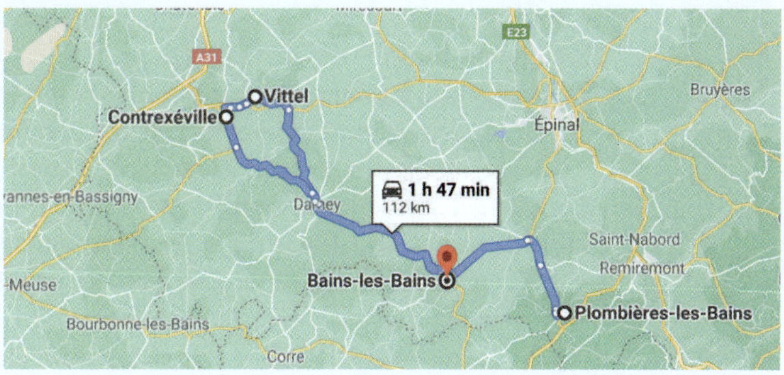

5 L'hôtel-restaurant Les Thermes est-il en concurrence avec d'autres établissements situés dans les trois autres stations thermales ? Justifier votre analyse.

....

....

....

....

I. L'offre commerciale d'une entreprise hôtelière

1 Les trois composantes d'une offre commerciale

• **Le produit :** ce sont les principales prestations fournies par l'entreprise. Il s'agit, par exemple, du service des repas et des boissons pour un restaurant, de l'hébergement et des petits-déjeuners pour un hôtel. C'est le cœur de métier de l'établissement, sa raison d'être.
• **Les services associés :** ce sont des prestations complémentaires, gratuites ou facturées au client, comme un lounge bar, le room-service, un parking ou un garage couvert, un voiturier, une piscine, un spa, des activités de loisirs ou encore la livraison à domicile. Ces services associés sont complémentaires du produit principal délivré. Ils différencient l'entreprise de ses concurrents et renforcent son attractivité auprès des clients potentiels.
• **Le prix :** exprimé toutes taxes comprises (TTC) et communiqué au client, il est indissociable des prestations fournies. D'ailleurs, l'entreprise est tenue d'informer le client de ses prix : c'est une obligation réglementaire.

JE COMPRENDS LE COURS

• **Citez d'autres exemples de services associés en hôtellerie-restauration.**

....

....

....

2 La description d'une offre commerciale

Pour décrire une offre commerciale, il faut présenter un descriptif détaillé des prestations principales, des services accessoires et de leurs prix respectifs.
• **Pour un hôtel :** sa capacité en chambres, les types de chambre (simple ou double, suite, exécutive, supérieure), l'équipement de la chambre (salle de bains, taille du lit, téléviseur, téléphone, coin bureau), le classement de l'établissement en nombre d'étoiles, les éventuels labels (Écolabel européen, Clef Verte…), les prix par chambre et/ou par personne.
• **Pour un restaurant :** le type de restauration (rapide, traditionnel, gastronomique) et son éventuel thème, l'origine des matières (produits locaux, de saison), les signes de qualité et la certification de l'établissement (macarons, maître restaurateur, « fait maison »), la capacité de la salle, le nombre de services par jour, les prix des plats à la carte et des menus, la carte des boissons…
• La description des **services associés** doit susciter l'envie et la curiosité des clients potentiels. Ce sont des services additionnels qu'il ne faut pas négliger et qui font généralement de l'établissement la destination privilégiée de ses prospects.
• Il est également important de situer l'entreprise dans son environnement, en précisant sa localisation, son environnement géographique, ses voies d'accès et le potentiel touristique de sa région. Il faut délimiter sa **zone de chalandise** : la zone géographique d'où provient la majorité des clients d'un hôtel ou d'un restaurant.

JE COMPRENDS LE COURS

• **Décrivez l'offre commerciale du restaurant d'application de votre lycée hôtelier.**

....

....

....

II. Les concurrents d'une entreprise

1 Les concurrents directs

Les concurrents directs produisent les mêmes prestations principales que l'entreprise étudiée et sont situés sur le même secteur géographique. En effet, l'entreprise comme ses concurrents directs prospectent leurs clients sur la même zone de chalandise. En présence de nombreux concurrents directs, le marché est hyperconcurrentiel et les entreprises luttent pour attirer les clients et maintenir leur activité. Elles doivent trouver des leviers pour se différencier, comme la qualité de l'accueil et des prestations délivrées, la propreté de leur établissement ou encore l'originalité de leur décoration intérieure. Elles innovent en proposant des services associés différents de ceux des concurrents, ce qui leur procure un avantage concurrentiel.

2 Les concurrents indirects

Les concurrents indirects produisent des prestations principales différentes de celles de l'entreprise étudiée, mais qui répondent aux mêmes besoins des clients ou se situent dans une zone de chalandise voisine.
Les concurrents indirects sont beaucoup moins menaçants pour l'entreprise, car ils sont positionnés sur un autre marché. Il ne faut toutefois pas les négliger, car ce sont les clients qui décident où séjourner et où se restaurer. La qualité des prestations principales, les services associés et les prix déterminent leur choix : les clients consultent les établissements à proximité, les comparent facilement grâce aux applications numériques auxquelles ils ont accès sur leur smartphone, lisent les avis publiés par les internautes et peuvent être tentés par une offre différente.

JE COMPRENDS LE COURS

- **Précisez si les établissements suivants sont en concurrence directe ou indirecte, en justifiant.**

Entreprises	Concurrence directe	Concurrence indirecte	Justification
Un fast-food et un restaurant gastronomique situé à proximité.	☐	☐	....
Un fast-food situé à Vandœuvre, au sud-ouest de Nancy, et un fast-food situé à Essey, au nord-est de Nancy, à 20 minutes en voiture quand la circulation est fluide.	☐	☐	....
Deux restaurants traditionnels de chaînes différentes situés dans la même zone commerciale, en banlieue nancéenne.	☐	☐	....
Un hôtel 3* et un particulier qui loue une des chambres de son appartement dans la même rue.	☐	☐	....

3 La comparaison d'offres commerciales concurrentes

La veille concurrentielle consiste à s'informer régulièrement sur les offres commerciales concurrentes et à les comparer. L'entreprise étudie les similitudes et les différences entre son offre commerciale et celle de ses concurrents pour limiter les risques, saisir d'éventuelles opportunités et rechercher des solutions pour maintenir ou développer son activité.

1. Décrire une offre commerciale et identifier les concurrents d'une entreprise

DOCUMENT 1 Le Château du Griffou

Le Château du Griffou est un hôtel-restaurant de caractère classé 3*, à proximité du Vigan, dans les Cévennes. Sur les flancs du mont Aigoual, il surplombe une vallée encaissée. Depuis sa terrasse exposée plein sud, il offre un point de vue imprenable sur la forêt de chênes verts et de châtaigniers, la culture d'oignon blanc sur de petites parcelles délimitées par des traversiers, des murets en granit sur le versant de la montagne.

Ses 15 chambres avec vue sur la vallée sont très bien équipées :

- salle de bains avec baignoire ou douche, lavabo, sanitaires et sèche-cheveux ;
- téléviseur écran plat ;
- minibar.

Les chambres sont décorées avec goût et allient tradition et modernité. Elles ne sont pas climatisées, mais la fraîcheur naturelle des épais murs en granit suffit amplement. Le prix des chambres varie de 89 € à 134 €, selon leur standard et la saisonnalité.

Au rez-de-chaussée, une salle de restauration d'une capacité de 50 couverts s'ouvre sur une terrasse ombragée et une piscine extérieure chauffée, accessible gratuitement de mai à septembre. Sur le côté du château, une ancienne magnanerie a été aménagée en salle de réception d'une capacité de 100 convives, avec vestiaire, sanitaires et cuisine équipée pour les mariages ou les autres événements familiaux. Son restaurant traditionnel propose des déjeuners de type brasserie ou des paniers-repas à partir de 14,50 € TTC par personne. Le soir, le chef propose des plats qui valorisent le terroir local. Le menu cévenol est à 32 € TTC, hors boissons.

Dans une des caves voûtées du château, un espace bar cosy et chaleureux accueille les clients de 19 h à 23 h, au coin du feu.

Enfin, le Château du Griffou loue des VTT à la journée ou à la demi-journée ainsi que les services d'un accompagnateur de randonnée sur réservation.

1 **Repérer les composantes de l'offre commerciale du Château du Griffou, en distinguant les prestations principales des services associés.**

2 **De quelles autres informations aurait-on besoin pour compléter la présentation du Château du Griffou ?**

Les gérants du Château du Griffou sont inquiets de l'arrivée de nouveaux entrants sur leur secteur. Ils souhaitent analyser la pression concurrentielle en hébergement sur la vallée.

3 **Proposer des actions pour recenser les concurrents du Château du Griffou et connaître les composantes de leur offre commerciale.**

4 **Pourquoi le Château du Griffou doit-il surveiller ses concurrents ?**

DOCUMENT 2 Le Domaine de Valcroze

Le Château du Griffou a pour principal concurrent le Domaine de Valcroze, un ancien mas cévenol situé en contrebas dans la vallée, au bord d'un torrent.
Le Domaine de Valcroze, classé 3*, dispose de 10 chambres et d'une suite avec un jacuzzi sur une terrasse privative. La décoration de style « campagne chic » est source de quiétude et invite à la détente en toute convivialité. Son plus : son escalier de pierre qui contourne l'ancienne roue à aube pour accéder à une petite plage naturelle de sable fin au bord du torrent.

- 10 chambres avec douche, lavabo, WC et sèche-cheveux, à partir de 72 € TTC la nuitée
- Une suite avec jacuzzi sur une terrasse privative à partir de 179 € la nuitée pour deux personnes
- Téléviseur LCD, bouilloire
- Espace séminaire (jusqu'à 30 participants)
- Restauration traditionnelle midi et soir, à base de produits locaux et du jardin. Menu de saison à partir de 24 € TTC
- Espace bar à l'accueil
- Cours de jardinage et canyoning à travers les rochers de granit en toute sécurité avec un accompagnateur diplômé (sur réservation)

5 **Comparer l'offre commerciale du Château du Griffou avec celle du Domaine de Valcroze et montrer qu'il s'agit bien de concurrents directs.**

6 **Sur quels éléments le Château du Griffou devrait-il orienter sa communication pour bien se différencier du Domaine de Valcroze ?**

2. Décrire l'offre commerciale d'une entreprise et analyser sa concurrence

À partir de l'entreprise qui vous accueille en stage ou d'une entreprise de votre choix, à vous de repérer et d'analyser sa concurrence !

1 **Présenter les caractéristiques de l'offre commerciale de cette entreprise.**

2 **Délimiter sa zone de chalandise.**

3 **Recenser ses concurrents directs et indirects.**

4 **Comparer l'offre commerciale de cette entreprise avec celle de son principal concurrent.**

5 **Proposer deux solutions pour aider cette entreprise à se démarquer de son concurrent.**

3. Décrire une offre commerciale et la comparer avec un concurrent direct

DOCUMENT 1 L'hôtel-restaurant La Maison Carrée

La Maison Carrée est un hôtel-restaurant classé 3*, situé à Méréville, un petit village au bord de la Moselle, dans un environnement préservé et une nature de qualité, à seulement 12 km au sud de Nancy et de sa place Stanislas. Nos 26 chambres, dont 1/3 totalement rénovées, spacieuses et lumineuses, sont équipées de bains/douche, WC, sèche-cheveux, minibar, TV écran plat 16/9e avec TNT, bureau, prise internet avec wi-fi gratuit, coffre-fort, la plupart avec terrasse privative, vue sur le jardin et la piscine, vous permettant de vous reposer en toute tranquillité. Petit-déjeuner buffet à volonté : découvrez nos confitures maison (mirabelle, rhubarbe, quetsche, gelée de pommes...), nos produits régionaux (charcuterie, fromage blanc, fromages...), ainsi que notre compote de pommes et fruits au sirop maison. Notre service restauration vous sera servi dans notre salle à manger avec baies vitrées ou sur notre nouvelle terrasse avec une superbe vue sur notre parc (langues parlées : français, anglais, allemand).
Pour en savoir plus, visitez notre site en ligne :
https://www.hotel-maisoncarree-nancy-sud.fr/

4,0 Très bon ●●●●○ 178 avis

●●●●○ Emplacement
●●●●○ Propreté
●●●●○ Service
●●●●○ Rapport qualité / prix

Équipements de l'établissement

- Parking gratuit
- Internet haut débit gratuit (Wi-Fi)
- Piscine
- Restaurant
- Location de vélos
- Randonnée
- Animaux domestiques autorisés (Chien/Animaux de compagnie)
- Salle de réception

Types de chambre

- Chambres non-fumeurs
- Suites
- Chambres familiales

D'après www.tripadvisor.fr

1 **Décrire l'offre commerciale de l'hôtel-restaurant La Maison Carrée.**

DOCUMENT 2 Le Logis Bastide

Le Logis Bastide est un hôtel 3* et un restaurant récemment rénové. Il accueille des clients individuels ou des groupes venus pour loisirs ou affaires. Le Logis Bastide est une entreprise familiale d'ambiance conviviale et chaleureuse. Ses chambres sont toutes équipées de douche, lavabo et WC privatifs, téléviseur couleur et ligne téléphonique directe. Son chef vous propose une restauration traditionnelle et régionale. Pendant le service, un maître sommelier vous conseille sur le choix des vins.

- Animaux acceptés
- Wi-fi gratuit
- Chambres climatisées
- Salle de réunion et séminaire
- Parking privé gratuit
- Terrasse et jardin

2 **Comparer l'offre commerciale de La Maison Carrée de Méréville avec celle du Logis Bastide, situé à 2 km.**

3 **Montrer comment l'hôtel-restaurant La Maison Carrée peut se démarquer de ce concurrent direct.**

Comment repérer les concurrents d'une entreprise hôtelière ?

1 Composantes de l'offre commerciale

Offre commerciale

- .... » Prestations principales
- .... » Prestations complémentaires
- .... » Obligation d'information réglementaire

2 Description de l'offre commerciale

....
....
....

....
....
....

....
....
....

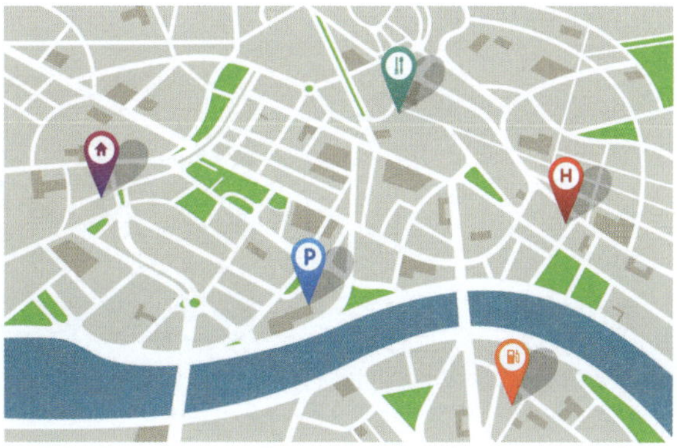

....
....
....

FICHE DE SYNTHÈSE

3 Concurrents d'une entreprise hôtelière

- Identification des concurrents

Concurrents

Concurrents directs

» ....
....
....

Quelles solutions ?

» ....
....
....

Concurrents indirects

» ....
....
....

Quelles solutions ?

» ....
....
....

- Veille concurrentielle

Comparaison des offres commerciales concurrentes

....

....

9 Quels sont les liens entre l'entreprise hôtelière et les acteurs du tourisme ?

CAPACITÉS
- Définir un produit touristique.
- Illustrer l'intégration d'une prestation hôtelière dans un produit touristique.
- Identifier les acteurs institutionnels locaux du tourisme et leur rôle.

NOTIONS
- Produit touristique
- Touriste et tourisme
- Acteurs institutionnels locaux du tourisme

À la découverte du terroir et de l'artisanat vosgien

Séjour 4 jours/3 nuits, à partir de 405 € par personne

Au départ de Nancy, partez à la découverte des richesses du terroir et de l'artisanat vosgien en autocar.

Jour 1 – Étape à Mirecourt, sur les bords du Madon, pour visiter le musée de la Lutherie et de l'Archèterie. Repas tiré du sac* puis destination Plombières-les-Bains. Au sein du Parc naturel régional des Ballons des Vosges, la ville aux mille balcons est réputée pour ses eaux chaudes qui soignent les maux digestifs et les rhumatismes. Ses thermes, exploités depuis l'époque romaine, ont été bâtis par Napoléon III. Le soir, vous pourrez flâner dans les jardins ou tenter votre chance au casino. Dîner avec dégustation de la célèbre glace de Plombières, aux fruits confits et au kirsch, hébergement en hôtel 3*.

Jour 2 – Épinal. Visite guidée du château et de l'Imagerie d'Épinal. Déjeuner libre puis balade au fil de l'eau sur la Moselle. Dîner « découverte des spécialités vosgiennes », hébergement en résidence de tourisme.

Jour 3 – Gérardmer. Quartier libre au sein du marché des producteurs, puis balade à la découverte des

plantes comestibles de saison. Déjeuner « dégustation » et échange de recettes. Dîner du terroir et nuitée dans des cabanes perchées sous la cime des sapins.

Jour 4 – Étape à Senones, dans la vallée du Rabodeau, ancienne capitale de la principauté de Salm-Salm, célèbre pour son abbaye bénédictine du VIIe siècle. Déjeuner organisé par une association de producteurs locaux. Retour prévu à Nancy vers 18 h.

* Principe du repas « tiré du sac » : chacun apporte un mets, ses couverts, et le partage.

1 **Relever, dans la proposition de séjour touristique ci-dessus, les différents éléments qui composent ce séjour dans les Vosges.**

....

....

2 **Quelle est l'importance de la restauration et de l'hébergement dans ce séjour ?**

....

....

SITUATION

Avec votre classe, vous souhaitez organiser un voyage de fin d'année en vous interrogeant sur l'importance du tourisme pour les entreprises hôtelières.

SITUATION 1
La clientèle « tourisme »

DOCUMENT Le tourisme en Lorraine

La fréquentation touristique en Lorraine

Les dépenses des visiteurs en Lorraine

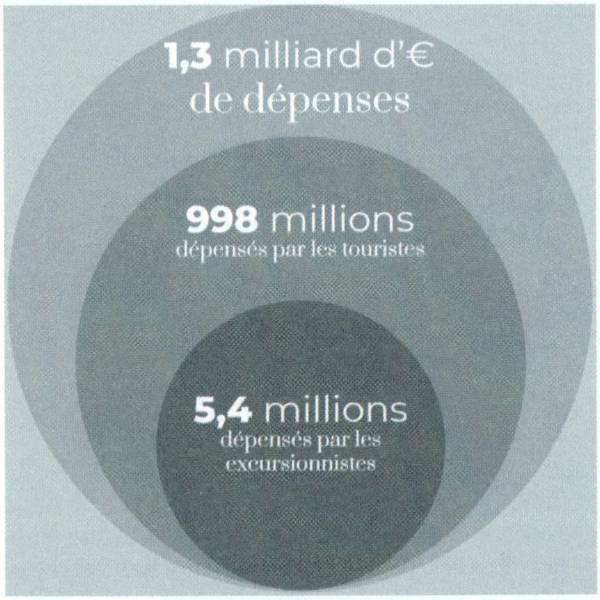

Dépense moyenne par jour et par personne en **Lorraine** :

23€ pour un excursionniste
55€ pour un touriste

Comité départemental du tourisme de Meurthe-et-Moselle, chiffres clés 2018.

1 Quelle différence faites-vous entre une excursion et un séjour touristique ?

....

....

2 Pourquoi les touristes dépensent-ils plus que les excursionnistes pendant leur séjour en Lorraine ?

....

....

3 Selon vous, à quoi les touristes consacrent-ils leurs dépenses pendant leur séjour en Lorraine ?

....

....

4 Quels sont les intérêts et les limites d'une clientèle « tourisme » pour une entreprise hôtelière ?

....

....

....

....

....

SITUATION 2
Un séjour aux sports d'hiver

La famille Palau souhaite partir une semaine aux sports d'hiver pendant les prochaines vacances. Elle recherche un lieu d'hébergement avec possibilité de cuisiner. Sur place, elle louera le matériel de ski, achètera les forfaits et les enfants prendront des cours de ski.

1 **Préciser, dans les situations suivantes, à qui s'adresse la famille Palau pour organiser son séjour en cochant les cases appropriées.**

Situations	Établissement public	Entreprise privée
M. Palau consulte les offres d'hébergement sur le site Airbnb.fr.	☐	☐
Mme Palau consulte les offres sur le site Clubmed.fr : repas, hébergement, animations, locations et cours de ski par les animateurs du club.	☐	☐
M. Palau appelle l'office de tourisme de Flaine, en Haute-Savoie.	☐	☐
Mme Palau appelle Le Bérouze, un village vacances à Samoëns, en Haute-Savoie, qui propose des séjours tout compris (hébergement, petit-déjeuner et dîner) en demi-pension. Les forfaits et locations de matériel sont à régler sur place, et la famille bénéficiera d'une réduction de 10 % chez le loueur de skis partenaire.	☐	☐
Mme Palau doit solder ses points de fidélité de sa carte Cora : elle décide de passer à l'agence Cora Voyages d'Houdemont (Meurthe-et-Moselle) pour consulter les offres de séjour et utiliser ainsi ses €urocora.	☐	☐
Mme Palau profite de son déplacement dans le centre commercial Cora Nancy Houdemont pour se renseigner auprès de l'agence de voyages Prêt à Partir qui se trouve dans la galerie marchande.	☐	☐

2 **Et vous, comment organisez-vous vos vacances ?**

....

....

....

....

3 **Quels renseignements pouvez-vous recueillir auprès de l'office de tourisme ou du syndicat d'initiative de la commune de votre destination ?**

....

....

....

....

I. L'industrie touristique et l'industrie hôtelière

1 L'industrie touristique : un secteur économique important pour l'économie française

Un **produit touristique** est un ensemble de prestations de services autour d'un site ou d'une activité particulière. Il se compose, par exemple, de prestations d'hôtellerie et/ou de restauration, de transports, d'activités sportives, de visites guidées de monuments historiques.

Les **visiteurs** (français et internationaux) sont des **excursionnistes** quand ils ne se déplacent qu'une journée et des **touristes** quand ils séjournent au moins une nuit en dehors de leur domicile.

L'industrie touristique regroupe tous les acteurs qui conçoivent et commercialisent des produits touristiques destinés à des visiteurs pour un séjour en dehors de leur environnement habituel.

Jusqu'à la crise sanitaire, la consommation touristique intérieure représentait plus de 7 % du PIB français. La France est le pays le plus visité au monde, avec près de 90 millions d'arrivées de touristes internationaux en 2019. Tous les visiteurs ne sont pas internationaux : les résidents voyagent beaucoup aussi en France. En 2019, ces derniers ont ainsi représenté plus des deux tiers des nuitées en hébergement marchand.

L'économie touristique crée de nombreux emplois, elle est source de richesses sur l'ensemble du territoire.

JE COMPRENDS LE COURS

1. Dans les situations suivantes, précisez si les clients sont des touristes, des excursionnistes ou aucun des deux (plusieurs réponses peuvent être possibles).

Situations	Touriste	Excursionniste	Aucun des deux
Tous les jours, Mme Jacot, vendeuse, prend le train de Lunéville à Nancy pour aller travailler dans le centre commercial Saint Sébastien, situé près de la gare. Le midi, elle achète souvent un sandwich ou une salade dans une boulangerie.	☐	☐	☐
La famille Bardeau est partie une semaine à Cassis, dans les Bouches-du-Rhône. Le trajet a duré 8 h. En chemin, la famille s'est arrêtée 1 h dans une station d'autoroute aux abords de Lyon pour la pause déjeuner et faire le plein d'essence.	☐	☐	☐
Vendredi, les élèves de seconde du lycée Stanislas de Nancy sont partis faire du ski à Gérardmer.	☐	☐	☐
M. Legrand a pris le train ce matin à la gare de Nancy pour participer à une réunion à Paris. Il rentrera à 20 h à son domicile. Son employeur lui verse une indemnité forfaitaire de 25 € pour ses frais de repas.	☐	☐	☐
Julie a réuni les commerciaux de son équipe pendant 3 jours dans un établissement hôtelier d'Amnéville. Au programme : formation sur les techniques de vente, accrobranche, soirée au casino et détente à l'espace thermal.	☐	☐	☐

2. Pourquoi les hôtels cherchent-ils à cibler une clientèle de touristes ?

....

....

....

Les motifs de déplacement des voyageurs sont très variés. Ainsi, on peut citer :
– les loisirs, le week-end ou pendant les vacances scolaires pour les familles, ou en dehors des vacances scolaires pour les couples sans enfant ;
– les affaires en semaine, pour se rendre à des réunions, des séminaires, des congrès professionnels par exemple ;
– les cures dans les stations balnéaires ou à proximité de sources naturelles réputées pour leurs vertus thérapeutiques.
Selon leur situation géographique, les acteurs du tourisme proposent diverses thématiques de séjour : le patrimoine et les monuments historiques, l'industrie, le tourisme vert et l'écotourisme dans des sites naturels d'exception, les activités sportives, le slow tourisme, etc.

2 L'hôtellerie-restauration, partenaire des acteurs du tourisme

Dès lors que les visiteurs séjournent en dehors de leur environnement habituel, ils doivent se restaurer et trouver un lieu d'hébergement ; leurs dépenses de restauration et d'hébergement représentent une part conséquente de leur budget. L'industrie hôtelière et l'industrie touristique sont donc étroitement liées. Ainsi, le tourisme apporte beaucoup d'activités et de volume d'affaires aux entreprises hôtelières.

JE COMPRENDS LE COURS

Consommation touristique intérieure en France, en milliards d'euros

	2014 (r*)	2015 (r)	2016 (r)	2017 (r)	2018
Dépense touristique intérieure	**141,6**	**141,6**	**139,0**	**146,3**	**153,3**
Hébergements touristiques marchands	31,2	31,4	29,9	32,1	33,7
Restaurants et cafés	16,3	16,3	15,1	16,2	17,3
Aliments et boissons	12,6	12,6	12,1	12,9	13,4
Services de transport non urbain	27,8	29,5	28,6	30,7	30,7
Péages, carburants, location de véhicules de tourisme	16,7	15,8	15,1	16,0	17,9
Services des voyagistes et agences de voyages	7,3	7,7	7,7	8,1	8,6
Activités culturelles, sportives et de loisirs	8,5	8,7	8,7	9,4	9,9
Autres dépenses (transports sur place, shopping, etc.)	21,1	19,6	21,6	20,9	21,7
Hébergements touristiques non marchands	**19,2**	**19,4**	**19,5**	**19,6**	**20,0**
Consommation touristique intérieure	**160,8**	**161,0**	**158,5**	**165,9**	**173,3**

* r : données révisées.

Source : DGE, compte satellite du tourisme, base 2014.
www.insee.fr, *Tableaux de l'économie française*, 27 février 2020.

1. Calculez la part des hébergements touristiques marchands et celle des restaurants et cafés dans la consommation touristique intérieure en 2014 et en 2018. Que pensez-vous de leur évolution ?

....

....

....

....

2. Montrez l'importance de l'industrie hôtelière dans l'industrie touristique.

....

....

II. Les acteurs du tourisme

Beaucoup d'acteurs contribuent au développement du tourisme : des professionnels du secteur privé et des acteurs institutionnels.

1 Les acteurs professionnels privés

- Les **agences de voyages « boutiques » ou « en ligne »** (*Online Travel Agencies* : OTAs) revendent des prestations touristiques à leurs clients, comme des séjours, des trajets, l'hébergement, des visites guidées.
- Les **tour-opérateurs (TO)** conçoivent des produits touristiques qu'ils vendent directement à des particuliers ou à des agences de voyages en ligne ou traditionnelles chargées de leur distribution auprès des clients. Aujourd'hui, la plupart des agences de voyages sont aussi des tour-opérateurs : elles conçoivent et commercialisent leurs propres produits touristiques.
- Les **entreprises spécialisées** dans des prestations particulières sont les compagnies de transport aérien, les autocaristes, les parcs d'attractions, les hôtels, les restaurants…

2 Les acteurs institutionnels locaux du tourisme

Ces acteurs sont institutionnels car ils sont créés puis gérés par les collectivités territoriales (communes ou communautés de communes, conseils départementaux, conseils régionaux) et par les représentants des professionnels locaux du tourisme. Leur but est non lucratif et ils sont financés en partie par des fonds publics.

- Les **offices de tourisme et syndicats d'initiative (OTSI)** sont, au sein d'une commune ou d'un groupement de communes, des acteurs de terrain en contact direct avec les professionnels et leurs clients. Ils sont chargés en particulier de l'accueil et de l'information des visiteurs, de la coordination des professionnels locaux, de la promotion du tourisme local, de la prise de réservations, de l'organisation d'évènements (congrès, conférences, animations, fêtes locales).
- Les **comités départementaux du tourisme (CDT)** et les **comités régionaux du tourisme (CRT)** sont chargés respectivement de la promotion des départements et des régions en France et à l'étranger. Ils participent à des salons professionnels, lancent des campagnes publicitaires collectives, éditent des brochures d'information pour les visiteurs et des statistiques pour les professionnels du tourisme, animent les sites Internet des départements ou des régions.

JE COMPRENDS LE COURS

1. Pourquoi les entreprises hôtelières doivent-elles entretenir de bonnes relations avec les acteurs du tourisme ?

....

....

....

2. Quelles actions proposeriez-vous pour faire découvrir vos prestations d'hôtellerie et de restauration aux professionnels du tourisme ?

....

....

....

1. Un séjour touristique dans les Vosges

Les 36 nouveaux diplômés du BTS Management en hôtellerie-restauration du lycée Stanislas de Nancy veulent célébrer leur réussite et marquer la fin de leur cursus en organisant un séjour de fin d'études dans les Vosges en juillet. Dorian et Amélia se renseignent auprès de l'office de tourisme Gérardmer Hautes-Vosges Tourisme.

DOCUMENT 1 Séjour en territoire Lutin (3 jours/2 nuits)

À partir de 218 € par personne* sur la base de 4 personnes, avec gratuité pour la 5e et la 6e personne (adulte ou enfant)

Cette découverte ludique de la vallée prestigieuse de Gérardmer en famille ou entre amis vous permettra de passer des moments privilégiés avec votre tribu.

Votre séjour comprend :
– l'hébergement écolodge premium pour 2 nuits ;
– la fourniture des draps ;
– le ménage de fin de séjour ;
– une randonnée accompagnée à la journée le 2e jour ;
– la visite d'une scierie moderne et d'un vieux haut fer (une ancienne scierie) le matin du 3e jour ;
– la rencontre avec des cueilleurs de plantes sauvages et la visite de leur installation l'après-midi du 3e jour.

Votre séjour ne comprend pas : le transport, la restauration, les dépenses personnelles, les charges éventuelles précisées sur le descriptif contractuel de l'hébergement (eau, électricité, gaz), la taxe de séjour, l'assurance annulation facultative (possible en option).

* Tarif sous réserve de disponibilités.

D'après gerardmer-reservation.net

DOCUMENT 2 Gérardmer Hautes-Vosges Tourisme : les services

HAUTES VOSGES TOURISME GÉRARDMER

Séjours loisirs ou sportifs, séminaires, incentives, excursions…
Faites-nous part de vos projets, nous les réalisons pour vous. L'office de tourisme intercommunal des Hautes-Vosges vous propose de découvrir la Vallée des Lacs et d'organiser votre séjour clé en main. Ce service s'adresse à des demandes pour des groupes de 10 personnes et plus.
Votre unique interlocuteur pour une organisation personnalisée !

https://gerardmer.net/service-groupes.php

1 **Le séjour en territoire Lutin s'adresse-t-il à des touristes ou à des excursionnistes ? Justifier votre analyse.**

2 **Montrer que le séjour en territoire Lutin est un produit touristique.**

3 **Gérardmer Hautes-Vosges Tourisme est-il un acteur institutionnel local ? Préciser ses rôles et son importance pour les entreprises locales.**

4 **Que pourrait-on conseiller à Dorian et Amélia pour l'organisation de ce séjour de fin d'études ?**

2. Des exemples de prestations touristiques

DOCUMENT 1 **Le centre de congrès Prouvé de Nancy**

Le centre de congrès Prouvé propose, à côté de la gare de Nancy et de la plateforme de transports en commun, un hall d'exposition de 3 000 m² modulable, deux auditoriums de 850 et 300 fauteuils, 13 salles de réunion équipées de cabines de traduction simultanée, un espace réceptif panoramique d'une capacité totale de 1 200 couverts.
Réservation auprès de Destination Nancy, l'office de tourisme de la commune.

DOCUMENT 2 **La résidence Lor-Vacances**

La résidence Lor-Vacances loue des appartements meublés tout équipés (salle de bains, coin cuisine) pour 2 à 6 personnes. Réservation possible pour le week-end ou la semaine.

DOCUMENT 3 **La Compagnie des Autocars Lorrains**

La Compagnie des Autocars Lorrains vous propose divers voyages thématiques tout compris ou en demi-pension, en Lorraine et dans toute la France : sur les chemins de la Première Guerre mondiale, nature et terroir, cristalleries et faïenceries de Lorraine et d'ailleurs…

DOCUMENT 4 **L'agence de voyages CAP Vosges**

L'agence de voyages CAP Vosges organise votre séjour sur mesure : nous donnerons vie à vos projets.
Entreprises ou particuliers : n'hésitez pas à nous contacter et à nous faire part de vos besoins d'hébergement, de restauration et d'activités de loisirs, incentives, team building. Notre réseau de partenaires saura vous surprendre pour une expérience inoubliable.

1 **Quels sont les différents motifs de séjours touristiques ?**

2 **Relever les points communs et les différences entre les prestations touristiques détaillées dans les documents 1 à 4.**

3 **L'industrie touristique et l'industrie hôtelière sont-elles indissociables ?**

Quels sont les liens entre l'entreprise hôtelière et les acteurs du tourisme ?

1 Définition de l'industrie touristique

Industrie touristique :

....

....

- **Produit touristique**

....

....

Produit touristique

» ensemble de prestations

....

....

....

- **Visiteurs**

Qui ?

....

» séjourne moins d'une journée dans un lieu différent de son environnement habituel

....

» séjourne au moins une nuit dans un lieu différent de son environnement habituel

Quel motif ?

....

....

Fiche de synthèse

2 Acteurs du tourisme

Professionnels qui conçoivent et vendent des produits touristiques

....

» concepteurs de produits touristiques

....

....

Clients / Visiteurs

- ....
- ....

Professionnels qui vendent des prestations particulières

- ....
- ....
- ....
- Etc.

Acteurs institutionnels locaux

- ....
....
- ....
....
- ....
....

10 Quelle place pour l'individu dans l'entreprise hôtelière ?

CAPACITÉS
- Identifier les principales caractéristiques de l'emploi en hôtellerie-restauration.
- Décrire l'importance du facteur humain dans l'entreprise hôtelière.

NOTIONS
- Travail en équipe
- Relations hiérarchiques
- Spécialisation / polyvalence
- Saisonnalité, mobilité
- Compétence, recrutement, rémunération

Les cocottes d'Hélène
29 octobre, 18:45 ·

#CarteSeptembre2021❤️

Crème de courgette glacée à la menthe, glace à la Fourme d'Ambert et lentilles beluga 😭

Restaurant Les Cocottes d'Hélène
📍29 rue de Paris 77700 Coupvray
🔶 www.lcdh.fr

#cuisinedesaison #food #frenchfood #petitscommerces ##déjeuner #dîner #disneylandparis #coupvray #chessy #valdeurope #magnylehongre #serris #reouverture #terrasse #cuisinefrançaise #meaux #lcdh

1 **Préciser, sous chaque photographie, le métier présenté.**

2 **Présenter l'évolution des métiers de l'hôtellerie-restauration.**

3 **Quelles en sont les conséquences pour les salariés de ce secteur ?**

SITUATION

À la fin de l'année scolaire, vous allez effectuer un stage au sein du restaurant À l'Aigle. Vous vous interrogez sur la place que vous y occuperez.

SITUATION 1
L'emploi en hôtellerie-restauration

DOCUMENT 1 Les métiers de l'hôtellerie-restauration

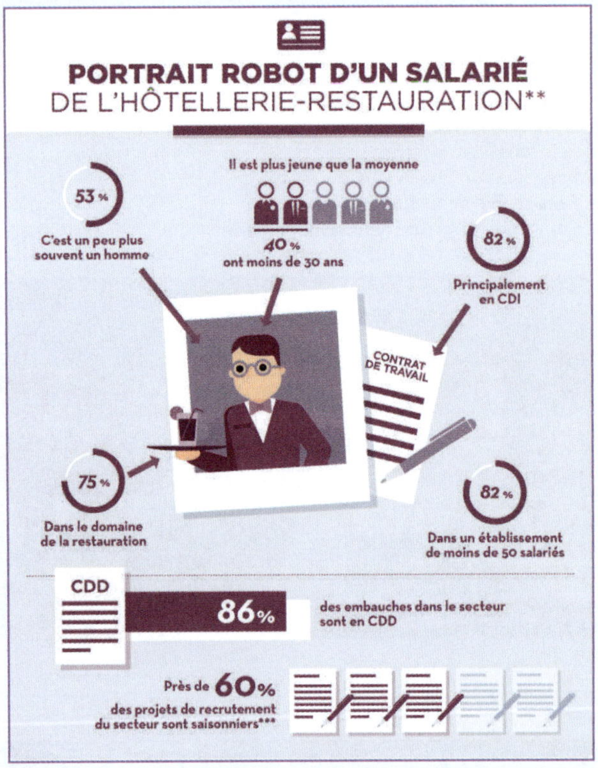

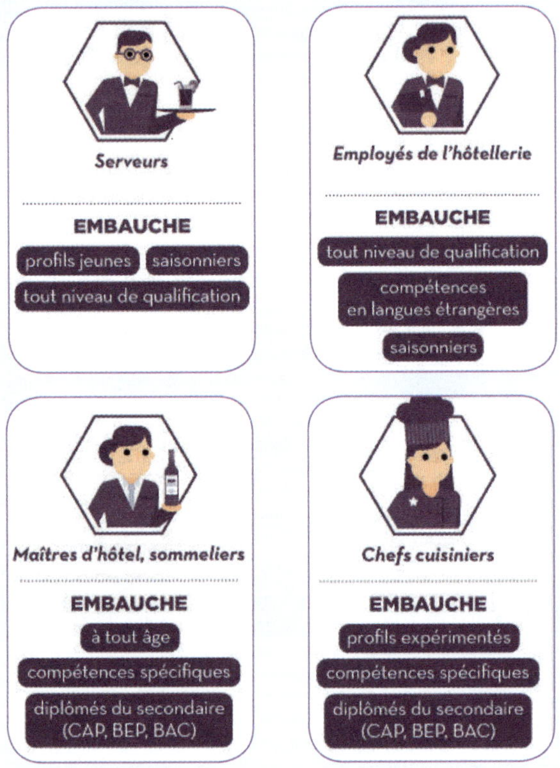

www.pole-emploi.org

1 **Quelles sont les principales caractéristiques des salariés en hôtellerie-restauration ?**

....

....

DOCUMENT 2 Dans les hôtels, bars et restaurants, pourquoi une telle pénurie de personnel ?

[...] Lassés des horaires décalés et des week-ends de travail, au moins 100 000 employés de l'hôtellerie-restauration auraient changé de métier depuis le début de la crise sanitaire. [...]

Les chiffres parlent d'eux-mêmes : entre 100 000 et 140 000 employés du secteur auraient changé de métier depuis le premier confinement, selon l'Union des métiers et des industries de l'hôtellerie. Soit un dixième du total. [...]

Le site de recrutement Bruce, spécialisé dans le travail temporaire, constate une « reconversion assez massive » des employés de l'hôtellerie-restauration : « Beaucoup se tournent vers la logistique, le BTP ou la vente », détaille Guillaume Lafolla, spécialiste chez Bruce. Des postes « moins sacrificiels, où l'on peut profiter de ses soirées et de ses week-ends », pour un salaire équivalent. Et d'ajouter que les compétences linguistiques et le sens du contact permettent à ces profils de « basculer facilement vers les métiers de l'accueil ».

[...] Alors que faire ? Comment convaincre les hésitants de renfiler toques et tabliers ? [...]

Le patron du géant hôtelier Accor, Sébastien Bazin, a plaidé récemment sur l'antenne de BFM Business pour une revalorisation de ces métiers, faute de quoi « un quart des effectifs » risque de ne jamais revenir : « C'est-à-dire peut-être de les rémunérer plus, peut-être de faire en sorte que leurs postes soient beaucoup plus polyvalents. »

Julia Toussaint, *Ouest-France*, 13 mai 2021.

2 **Identifier les caractéristiques de l'emploi en hôtellerie-restauration et comment celles-ci ont évolué.**

....

....

SITUATION 2
Le facteur humain : une ressource pour l'entreprise

Mme et M. Miss, propriétaire du restaurant À l'Aigle, souhaitent recruter un pâtissier. Pour eux, le facteur humain est une véritable ressource pour leur établissement. Vous les assistez afin d'identifier les compétences pour ce poste.

DOCUMENT 3 **Les qualités attendues par les employeurs dans les métiers de l'hôtellerie et de la restauration**

Interrogés sur les compétences qu'ils attendent de leurs salariés, les employeurs de l'hébergement et de la restauration, plus que dans l'ensemble des secteurs d'activité, mettent en avant les compétences comportementales [...]. Le diplôme, en revanche, est plus souvent considéré comme secondaire.
Pour les cuisiniers et employés, agents de maîtrise de l'hôtellerie-restauration, la capacité à gérer le stress et travailler sous pression est considérée comme une compétence indispensable pour 90 % des employeurs. [...] Comme dans toutes les professions en contact avec le public, le sens de la relation client (capacité à dialoguer, sens commercial, compréhension des besoins) est également davantage cité pour les employés et agents de maîtrise de l'hôtellerie-restauration. D'autres compétences comportementales sont jugées indispensables par la quasi-totalité des employeurs, comme le respect des règles et des consignes, la capacité à travailler en équipe, la capacité à s'organiser et prioriser les tâches, le sens des responsabilités. La disponibilité par rapport aux horaires est également davantage avancée que dans la moyenne des métiers. [...]

Pôle emploi, *Statistiques, études et évaluations*.

DOCUMENT 4 **Offre d'emploi pour le restaurant À l'Aigle**

LE RESTAURANT À L'AIGLE

Établissement familial très dynamique situé à Strasbourg

RECHERCHE UN/UNE PÂTISSIER/PÂTISSIÈRE
pour intégrer sa brigade

Vous serez en charge de l'élaboration de la partie sucrée à la carte.
Organisé(e), rigoureux(-euse) et ayant la capacité à travailler en équipe,
vous aurez l'occasion d'exprimer votre imagination et votre créativité au sein d'une équipe.

Salaire motivant
Horaires adaptables, 2 jours de repos consécutifs

1 **Quelles sont les principales compétences recherchées par le restaurant À l'Aigle ?**

....

....

2 **Pour quelles raisons les compétences comportementales sont-elles de plus en plus demandées ?**

....

....

3 **Montrer en quoi le facteur humain constitue une ressource pour l'entreprise.**

....

....

SITUATION 3
Le facteur humain : un coût pour l'entreprise

Afin de maîtriser leurs marges et de rester performants, les propriétaires du restaurant À l'Aigle effectuent un suivi rigoureux de la masse salariale et du ratio de personnel.

DOCUMENT 5 Extrait des produits et charges du restaurant À l'Aigle

	N	N-1
Produits		
Chiffre d'affaires	378 550	370 500
Charges		
Salaires	109 022	93 366
Charges sociales	42 398	36 309
Masse salariale	**151 420**	**129 675**
Ratio de personnel	**40 %**	**35 %**

1 Pour chaque année, retrouver par le calcul :

• le montant de la masse salarlale : ....

....

....

• le ratio de personnel : ....

....

....

2 Que représente la masse salariale pour le restaurant À l'Aigle ? le ratio de personnel ?

....

....

....

....

3 Comparer les données de l'année N avec celles de l'année N-1 et expliquer pourquoi le ratio de personnel a augmenté en 2020.

....

....

....

....

I. Les principales caractéristiques de l'emploi en hôtellerie-restauration

1 L'emploi en hôtellerie-restauration

- La restauration regroupe les trois quarts des emplois du secteur.
- Ce secteur a recours à l'apprentissage, aux contrats à durée déterminée et aux emplois saisonniers.
- Les salariés sont plutôt jeunes.
- L'ancienneté, relativement faible, est due à la forte saisonnalité du secteur.
- Le turnover est important. Cette mobilité externe est plus élevée dans le secteur de l'hôtellerie-restauration qu'ailleurs.
- Le secteur connaît une pénurie de candidats. Les difficultés de recrutement sont liées à l'image des métiers de l'hôtellerie-restauration : horaires contraignants, niveau des salaires, difficultés à concilier vie professionnelle et vie privée.

Depuis la crise sanitaire liée à la Covid-19 et la fermeture des restaurants, les salariés du secteur ont décidé de se reconvertir pour se former à un autre métier, ce qui a accentué le manque de personnel.

Afin de faire face à la pénurie de main-d'œuvre, la polyvalence des salariés s'est accélérée et généralisée.

2 Le travail en équipe

Le travail repose essentiellement sur une équipe, nommée « brigade ». Les différents métiers peuvent s'organiser de la manière suivante :

Les métiers de l'hôtellerie-restauration

Les métiers de la restauration

Directeur de la restauration
- ◆ **Maître d'hôtel**
  - • **Chef de rang**
    - o Serveur
    - o Barman
    - o Sommelier
    - o Employé de restaurant
    - o Commis
- ◆ **Chef de cuisine**
  - • **Second de cuisine (sous-chef)**
  - • **Chef de partie**
    - o Cuisinier
      - – Commis

Les métiers de l'hôtellerie

Directeur d'hôtel
- • **Yield manager**
- • **Chef de réception**
  - o Réceptionniste
- • **Chef concierge**
  - o Concierge
- • **Chef gouvernante**
  - o Gouvernante
    - – Femme de chambre

Les relations hiérarchiques sont formalisées sous la forme d'un organigramme permettant de mettre en évidence les personnels d'encadrement et d'exécution.

Le personnel d'encadrement a la responsabilité d'une équipe ; le personnel d'exécution regroupe les personnes jouant un rôle spécifique dans l'équipe, sous la responsabilité du personnel d'encadrement.

L'organisation de l'entreprise dépend du concept de restauration ou d'hébergement et de la taille de l'établissement.

L'esprit d'équipe et la solidarité sont essentiels pour ces métiers.

3 Spécialisation et polyvalence

Un salarié polyvalent est capable d'exercer plusieurs activités ou d'occuper des postes différents. La **polyvalence** permet à l'entreprise de maîtriser ses coûts et ainsi d'améliorer ses performances et de rester compétitive.

Elle s'oppose à la **spécialisation**, qui consiste, pour un salarié, à être expert dans un domaine précis. Celui-ci détient tous les savoirs et savoir-faire en rapport avec son métier.

JE COMPRENDS LE COURS

- **Donnez des exemples d'emplois polyvalents et d'emplois spécialisés dans le secteur de l'hôtellerie-restauration.**

....

....

II. L'importance du facteur humain dans l'entreprise hôtelière

1 La notion de compétence

Une compétence est une combinaison de savoirs, savoir-faire et savoir-être mobilisés face à une situation professionnelle.
- **Savoirs :** connaissances théoriques à maîtriser.
- **Savoir-faire :** connaissances pratiques, capacité à réaliser une tâche.
- **Savoir-être :** attitudes et qualités personnelles.

Le facteur humain est une ressource pour l'entreprise. Chaque salarié apporte ses compétences et crée ainsi de la valeur dans l'entreprise.

JE COMPRENDS LE COURS

- **Complétez le tableau ci-dessous en indiquant les principales compétences requises pour les métiers de l'hôtellerie-restauration cités.**

Compétences	Cuisinier	Serveur	Femme de chambre
Savoirs			
Savoir-faire			
Savoir-être			

2 Le recrutement

Lorsqu'il y a de nouveaux besoins en compétences, il est nécessaire de recruter pour y répondre. Les étapes du recrutement sont les suivantes :

1. Description du poste à pourvoir et du profil → **2.** Recherche des candidats → **3.** Sélection des candidats → **4.** Accueil et intégration

- Description des différentes tâches à accomplir
- Définition du niveau de formation, de l'expérience

- Recrutement interne : consiste à privilégier le personnel déjà présent dans l'entreprise.
- Recrutement externe : consiste à chercher des candidats en dehors de l'entreprise.

4. Accueil et intégration ↓ Fidélisation ↓ Amélioration de la performance de l'entreprise

3 La rémunération

La rémunération correspond au salaire versé au salarié en contrepartie du travail fourni.

JE COMPRENDS LE COURS

Le gérant du restaurant À l'Aigle vous transmet les informations suivantes concernant son commis de cuisine pour le mois de mai :
- salaire de base : taux horaire de 10,50 € ;
- heures supplémentaires : 16 h au taux horaire majoré à 10 %, soit 11,55 € ;
- avantages en nature : 44 repas valorisés à 3,65 € le repas.

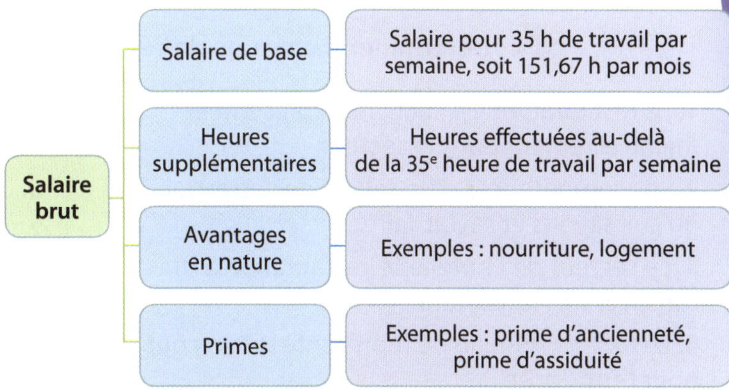

1. Calculez le salaire de base.

2. Déterminez le montant des heures supplémentaires et celui des avantages en nature.

3. Quel est le salaire brut du commis de cuisine pour le mois de mai ?

a. Le coût du personnel pour l'entreprise

Le coût du personnel, aussi appelé « masse salariale », correspond aux dépenses liées aux salariés : les salaires bruts et les cotisations sociales versées par l'employeur.

b. Le ratio de personnel

Les dépenses liées au personnel représentent des charges très importantes en hôtellerie-restauration, entre 30 et 40 % du chiffre d'affaires (CA). Il est donc nécessaire de faire un suivi de celles-ci en calculant un ratio de personnel afin d'améliorer les marges et de rester compétitif.

$$\text{Ratio de personnel} = \frac{\text{Coût du personnel}}{\text{Chiffre d'affaires}} \times 100$$

JE COMPRENDS LE COURS

Le gérant du restaurant À l'Aigle vous communique les informations suivantes pour le mois de mai :
- salaires bruts : 18 500 € ;
- cotisations patronales : 9 300 € ;
- chiffre d'affaires : 72 100 €.

1. Déterminez le coût du personnel.

2. Calculez le ratio de personnel pour le mois de mai.

3. Sachant que le ratio moyen est de 35 % pour la moyenne des entreprises du secteur, portez une appréciation sur le ratio de personnel calculé.

Applications

1. Vrai ou faux ?

Déterminer si chacune de ces affirmations est vraie ou fausse et expliquer pourquoi.

1. La restauration est l'activité représentée majoritairement dans le secteur.

2. Les compétences d'un salarié ne correspondent qu'aux savoirs et savoir-faire.

3. Le secteur de l'hôtellerie-restauration a un turnover très important.

4. Le facteur humain ne représente qu'un coût pour l'entreprise.

5. La polyvalence est de plus en plus recherchée par les professionnels.

6. Le coût du personnel correspond au salaire brut.

7. Le ratio de personnel est le rapport entre les charges de personnel et le chiffre d'affaires.

8. La spécialisation consiste à être expert dans un domaine.

2. Identifier le fonctionnement des équipes

Vous disposez d'une partie de l'organigramme du restaurant Le Porto, qui propose des spécialités portugaises à la carte. La carte de l'établissement se compose de 4 gammes : les entrées froides et chaudes, les poissons, les plats principaux et les desserts.

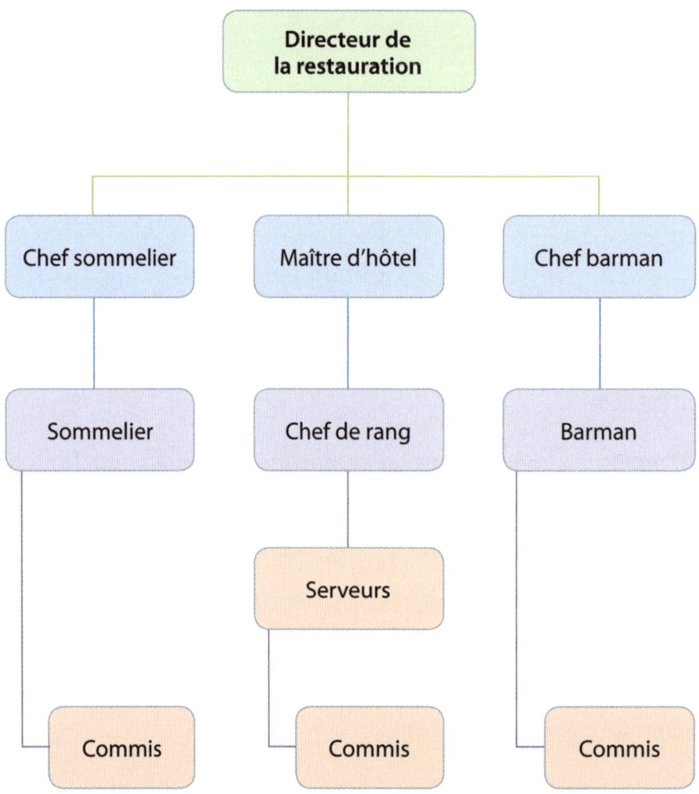

1 **Identifier le personnel d'encadrement et le personnel d'exécution.**

2 **Reproduire et compléter l'organigramme afin de mettre en évidence le fonctionnement de la cuisine.**

3. Comprendre la polyvalence des salariés

DOCUMENT **Emploi : la polyvalence s'impose dans l'hôtellerie**

La crise liée à la Covid-19 a accéléré la polyvalence des équipes, tout particulièrement à l'accueil et dans les espaces bar et restauration. Un phénomène fait pour durer.

[...] La polyvalence s'est généralisée pendant la crise sanitaire. « *Il y avait un flux de clientèle très restreint dans les établissements et la nécessité de produire les mêmes services qu'avant, mais avec des équipes moins nombreuses. Cela a amené plus de flexibilité dans les postes. Le personnel de réception a fait du room service, par exemple* », observe Olivier Cohn, directeur général de Best Western France.

Une tendance de fond

[...] En juin [2021], la marque de luxe Radisson Collection a [...] ouvert un établissement à Séville : « *À l'accueil, il y a des agents de relation client qui sont à la fois réceptionnistes, bagagistes, concierges, ils s'occupent du guest relation et du lobby bar. C'est une expérience client renforcée, puisque ce dernier n'a plus à chercher la bonne personne. Il y a un contact unique* », détaille Sébastien de Courtivron, directeur régional Radisson pour l'Europe de l'Ouest.

[En outre], face aux problèmes de recrutement actuels, la polyvalence peut se révéler un outil précieux. « *La polyvalence rend les métiers de service plus riches, plus variés, en renforçant le contact client. Cela accroît leur attractivité* », estime Olivier Cohn. « *La génération Z, qui est très flexible, très polyvalente, apprécie cette diversité de tâches* », enchérit Sébastien de Courtivron.

Une démarche qui s'anticipe

[...] La polyvalence s'appliquera plus particulièrement aux métiers de la réception, du bar et de la restauration. « *Un hôtel peut tout à fait former un réceptionniste pour qu'il sache gérer le bar, se servir de la machine à café et de la tireuse à bière. Mais il faudra conserver un barman pour les cocktails en soirée, car c'est un vrai savoir-faire. Le barman sera bien placé pour échanger le soir avec les clients, leur conseiller les endroits de sortie et jouer en quelque sorte un rôle de concierge* », [souligne Olivier Petit, directeur associé chez In Extenso Tourisme Culture et Hôtellerie].

Mais cette démarche a ses limites. « *La perception client est vraiment importante. Un plongeur en tenue ne pourra pas entrer en salle pour assurer d'autres tâches, de même qu'une femme de chambre ne viendra pas apporter le petit-déjeuner. Le client n'apprécierait pas forcément. Par ailleurs, certains postes ne s'improvisent pas et ne se prêtent pas facilement à la polyvalence. Pour être femme de chambre, par exemple, il y a des postures à connaître et à éviter, et ce n'est pas si facile de faire un lit* », précise Sébastien de Courtivron.

[...] Enfin, l'accent doit être mis sur la formation interne afin de faire évoluer les profils et les postes.

Violaine Brissart, www.lhotellerie-restauration.fr, 5 août 2021.

1 **Expliquer la notion de polyvalence.**

2 **Pourquoi les entreprises ont-elles de plus en plus recours à la polyvalence ?**

3 **La polyvalence peut-elle s'appliquer à tous les postes ? Pour quelles raisons ?**

4. Comprendre la mobilité interne

DOCUMENT Utiliser la mobilité interne pour relancer sa carrière

Recruter à moindres frais, limiter les erreurs de casting, fidéliser ses talents : la mobilité interne est devenue un enjeu stratégique pour l'entreprise et ses collaborateurs.

[...] L'hôtellerie-restauration a ceci de remarquable que le secteur propose une multitude de postes. Dans un même établissement, il existe souvent plusieurs métiers permettant de se reconvertir, sans forcément aller voir ailleurs. Le modèle dominant de l'évolution verticale n'est plus, place au transversal. Ou comment passer de la réception à la conciergerie, de la cuisine à la salle, du service banquets à la réservation, du commercial au web-marketing, etc. « *Changer de métier au sein de son entreprise constitue un redoutable moyen d'évoluer, de dire non à la routine, voire de rebooster sa carrière,* analyse Régine Ritzenthaler, directrice de l'agence de recrutement en hôtellerie-restauration Stylma. *Sans compter que la période n'est pas propice à l'embauche, ni à la prise de risques.* »

Préserver les compétences

Se tourner vers l'interne est donc une solution dans l'ère du temps. Chez Best Western par exemple, priorité est donnée, quand un poste se libère, aux candidats qui évoluent déjà au sein de l'entreprise. Virginie Barboux, directrice générale adjointe en charge de la communication, du digital et de l'expérience client, explique qu'en « *embauchant parmi ses forces vives, l'employé est déjà familier de la culture d'entreprise, de ses valeurs. Préserver les compétences, c'est aussi une manière de fidéliser les collaborateurs et de limiter le turnover. [...] C'est enfin intéressant d'un point de vue financier* ». De fait, chaque départ, licenciement ou création de poste induit des frais liés au recrutement en externe. [...]

Les jeunes apprécient le défi

À condition de bien l'accompagner dans sa montée en compétences, miser sur un salarié déjà en poste est une stratégie prometteuse : « *Il semble d'ailleurs que les jeunes générations apprécient d'être challengées et de pouvoir se dépasser* », [précise] Claire Cholé [adjointe aux ressources humaines du Bristol Paris]. Mais attention : pour une transition sans faux pas, il est nécessaire que le collaborateur comme l'entreprise jouent le jeu. « *Il faut savoir saisir les opportunités au bon moment, préconise Hélène Lenormand-Houel de Best Western. Pensez aussi à prévenir votre supérieur en amont, et à anticiper ses réticences.* »

En entreprise, quelques bonnes pratiques permettront aussi de faciliter les mutations, comme le fait d'associer talents et stratégie de l'entreprise, de donner les moyens aux managers de prendre le temps de former leurs collaborateurs, ou encore de communiquer sur 100 % des offres existantes.

Mylène Sacksick, www.lhotellerie-restauration.fr, 4 juillet 2019.

1 **Expliquer la notion de mobilité interne.**

2 **Pourquoi les entreprises misent-elles sur la mobilité interne ?**

Quelle place pour l'individu dans l'entreprise hôtelière ?

1 Emploi en hôtellerie-restauration

Caractéristiques de l'emploi en hôtellerie-restauration

- ....
- ....
- ....
- ....
- ....

2 Facteur humain : une ressource pour l'entreprise

- Notion de compétence

Compétences d'un salarié

- ....
  » connaissances théoriques
- ....
  » connaissances pratiques
- Savoir-être
  » ....
  ....

Fiche de synthèse

- **Processus de recrutement**

1. Description du poste à pourvoir et du profil	2.	3. Sélection des candidats	4.	5. Fidélisation

3 Facteur humain : un coût pour l'entreprise

Coût du personnel
= masse salariale

- Salaires bruts
  - Salaires de base
  - ....
  - ....
  - ....
- ....

Calcul du ratio personnel

- permet d'améliorer les marges pour rester compétitif
- formule : ....

11 Quel cadre juridique pour la relation salariale ?

CAPACITÉS
- Caractériser le contrat de travail.
- Identifier les principaux droits et obligations du salarié et de l'employeur et repérer leur origine.
- Distinguer les différents contrats de travail.

NOTIONS
- Contrat de travail
- Éléments constitutifs du contrat de travail
- Droits et obligations du salarié et de l'employeur
- Principales sources du droit du travail
- Types de contrats de travail en vigueur dans le secteur des CHR

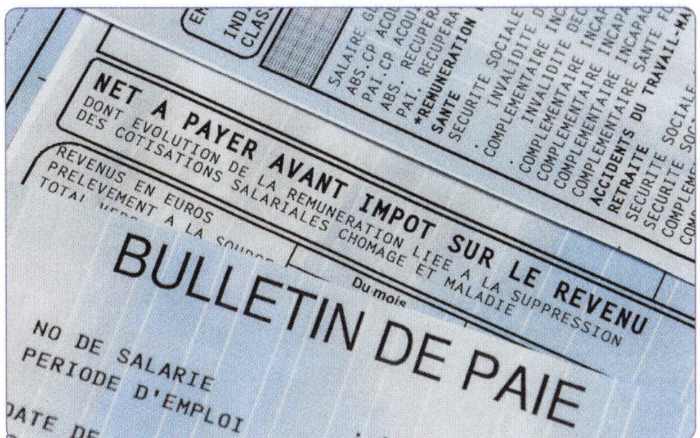

Préciser, sous chaque photographie, les droits ou obligations du salarié ou de l'employeur qui sont illustrés.

SITUATION

Lors de votre stage, la responsable des ressources humaines vous propose d'assister à l'accueil d'un nouveau salarié. Vous souhaitez mieux comprendre dans quelles conditions se nouent et s'accomplissent les relations de travail.

SITUATION 1
Les différentes relations de travail

DOCUMENT 1 **Des livreurs à vélo veulent être reconnus comme salariés des plateformes**

Mercredi 25 novembre, six livreurs Uber Eats, Deliveroo et Stuart ont déposé leurs dossiers de requalification en contrat de travail aux prud'hommes de Lyon. Leur but : faire reconnaître que leur statut [de micro-entrepreneur] cache en réalité une relation de salariat avec ces plateformes. Ils témoignent de la précarité qu'impose ce job de la nouvelle génération. Rencontre.

[...] Pablo a 21 ans, il est livreur depuis 2019 pour Deliveroo. [...]
Un jour, Pablo glisse sur le verglas en livrant une commande. Il se fait une entorse du poignet : il n'a pas pu travailler pendant sa convalescence. Comme il a un statut [de micro-entrepreneur], Deliveroo n'a aucune responsabilité envers lui. Il a eu beau les informer de la situation, il n'a pas pu bénéficier d'aides ou d'indemnisations suite à ce qui ressemble beaucoup à un accident du travail.
[...] Les livreurs n'ont que peu de contreparties, hormis leur maigre revenu. [...] L'avocat de la délégation CGT des livreurs lyonnais en témoigne : « Il y a déjà des décisions de justice qui ont été rendues, et qui montrent bien que les livreurs ne sont pas des [micro-entrepreneurs] mais qu'il y a un lien de subordination entre eux et les plateformes : [ce sont] elles qui choisissent les prix auxquels sont fixées les courses, elles suivent leurs coursiers par GPS, et à tout moment elles peuvent désactiver le compte d'un livreur : unilatéralement, et sans explication. » [...]

www.rue89lyon.fr, 27 novembre 2020.

> **Quel statut pour les coursiers ?**
>
> Les plateformes de livraison n'utilisent pas de contrat de travail pour faire travailler leurs livreurs, ils doivent alors recourir au statut de micro-entrepreneur (anciennement auto-entrepreneur). Ils ne touchent pas de salaire mais facturent leurs prestations. De cette manière, les plateformes n'ont pas à verser de cotisations sociales et s'exonèrent de toute responsabilité en cas de maladie ou d'accident du travail par exemple. Le statut de micro-entrepreneur ne permet pas aux livreurs de cotiser pour le chômage.

DOCUMENT 2 **Just Eat propose le statut de salarié à ses livreurs**

[...] Depuis quelques mois, Just Eat, l'un des mastodontes européens du secteur, propose à ses livreurs à vélo des contrats en CDI dans six villes françaises [...].
Ces CDI, de 10 heures à 35 heures par semaine, sont censés garantir « sécurité et rémunération stable ». Les livreurs salariés de Just Eat, identifiables à leur veste orange, sont payés 10,30 € brut de l'heure, quelle que soit leur productivité. Ils bénéficient de « tous les avantages du salariat : droits à la formation, au chômage, congés, protection sociale, possibilités d'évolution interne », promet Méleyne Rabot, directrice générale Just Eat France.

Marie Courvasier, *Ouest-France*, 24 mai 2021.

1 **Repérer les deux statuts sous lesquels un livreur de repas à domicile peut travailler.**

....

2 **Quels sont les inconvénients du statut de micro-entrepreneur ?**

....

....

3 **Quelles sont les revendications des livreurs d'Uber Eats, de Deliveroo et de Stuart ? Pour quelles raisons ?**

....

....

....

....

SITUATION 2
Les types de contrats de travail dans le secteur de l'hôtellerie-restauration

DOCUMENT 3

Recherche serveur/se en salle

Restaurant traditionnel dans une ambiance légère et animée. Équipe jeune et dynamique. Cuisine bistronomique. Nous recherchons une personne motivée pour compléter l'équipe aux mois de juillet et d'août en CDD. Pas d'expérience requise, juste de la motivation et de la bonne humeur.
Nombre d'heures : 35 h par semaine.

DOCUMENT 4

Dans le milieu de la restauration, le contrat de travail présente des caractéristiques particulières instituées par la convention collective des hôtels, cafés et restaurants (HCR), afin d'adapter les exigences légales aux spécificités du milieu de la restauration, comme l'illustre le contrat d'extra qui constitue un CDD de courte durée valable uniquement pour les événements ponctuels.

D'après Samuel Goldstein, LegalPlace, 1er juin 2021.

DOCUMENT 5 **Les campagnes de recrutement de saisonniers ont commencé**

Aux Antibes (Alpes-Maritimes), le restaurant de plage « Epi Beach » démonté pour l'hiver sera prêt à accueillir des vacanciers dans un mois. « On commence à faire les embauches », confie son dirigeant Zouhair Belaych. Ici, il n'y a pas de permanent. Tous les salariés sont saisonniers. Il y a donc urgence à recruter même si ni le plagiste ni ses voisins ne savent exactement quand ils vont pouvoir rouvrir. Dans le « Cap d'Antibes Beach Hôtel », qui se refait une beauté avant l'ouverture, les contrats des saisonniers seront signés dans les semaines qui viennent quoi qu'il arrive. Près de 80 personnes vont être recrutées. [...] [Dans la région], Pôle emploi a créé un forum virtuel pour les emplois saisonniers. Paul, âgé de 20 ans, y recherche son job d'été.

TF1, www.lci.fr, 25 mars 2021.

Juliette, qui a brillamment obtenu son baccalauréat STHR, recherche un job d'été avant d'entamer ses études en BTS Management de l'hôtellerie et de la restauration.

1 **Pour quels types de contrats de travail Juliette peut-elle postuler ?**

....

....

....

Pour financer ses études, Juliette compte travailler quelques week-ends pendant l'année scolaire.

2 **Quel type de contrat de travail Juliette pourra-t-elle se voir proposer ?**

....

....

3 **Quel est le texte de droit qui pose des règles particulières pour les CHR ? Dans quel but ?**

....

....

I. Le contrat de travail

1 La notion de contrat de travail

Le contrat de travail est un contrat par lequel le salarié s'engage à fournir une activité à un employeur sous les ordres et le contrôle duquel il est placé, en échange d'une rémunération.

2 Les éléments constitutifs du contrat de travail

Il y a contrat de travail lorsque trois conditions sont réunies :
– un travail exercé pour le compte de quelqu'un d'autre, l'employeur ;
– une rémunération en contrepartie ;
– un lien de subordination qui permet à l'employeur de donner des ordres au salarié (pouvoir de direction) et de le sanctionner (pouvoir disciplinaire).
Le lien de subordination permet de différencier le statut de salarié de celui de travailleur indépendant. Ce dernier effectue également des missions pour le compte d'autrui et perçoit une rémunération, au titre d'un contrat de prestations de services. Il conserve toutefois son indépendance car il n'est pas sous les ordres du client. Il peut refuser un contrat si les conditions ne lui conviennent pas (par exemple, le prix).

JE COMPRENDS LE COURS

• **Existe-t-il un contrat de travail dans les cas suivants ? Justifiez à l'aide de la définition du contrat de travail.**

Cas	Contrat de travail		Justification
	Oui	Non	
Hugo assure bénévolement une permanence au bar du club de foot, où il sert des boissons et prépare des sandwichs sous la direction du responsable.	☐	☐	....
Trois restaurateurs du quartier des Frères à Strasbourg se sont regroupés pour faire appel à Corentin, livreur à domicile, qui apporte en soirée les commandes aux clients. Corentin effectue également des livraisons pour les plateformes Frichti et Just Eat.	☐	☐	....
Jules prépare des salades selon les directives de son chef de cuisine. Son salaire est de 11 € brut de l'heure.	☐	☐	....

3 La conclusion du contrat de travail

Dans le secteur de l'hôtellerie-restauration, le contrat de travail est rédigé en deux exemplaires, dont un doit être remis au salarié dans les 48 heures suivant l'embauche.

Les informations suivantes doivent obligatoirement y être inscrites :
– les coordonnées de l'employeur et du salarié (noms et adresses) ;
– le lieu de travail ;
– le poste occupé et les fonctions du salarié ;
– l'intitulé de la convention collective applicable ;
– la rémunération ;
– le nombre d'heures hebdomadaires ou mensuelles effectuées ;
– la durée de la période d'essai ;
– la date d'embauche ;
– la durée des congés payés ;
– les coordonnées des caisses de retraite complémentaire et de prévoyance (noms et adresses).

La période d'essai est une période en début de contrat au cours de laquelle l'employeur ou le salarié peut mettre fin au contrat sans motif et sans indemnités.
Des clauses facultatives peuvent être insérées au contrat de travail, comme la clause imposant le port d'une tenue vestimentaire, la clause de mobilité qui prévoit que le salarié change de lieu de travail ou encore la clause de non-concurrence qui interdit au salarié, à la fin de son contrat de travail, de travailler pour une entreprise concurrente sous certaines conditions.

II. Les droits et obligations du salarié et de l'employeur

1 Les sources du droit du travail

Les règles qui régissent la relation salariale proviennent de textes de droit de natures différentes, qui peuvent être d'origine nationale, européenne ou internationale. L'ensemble de ces règles de droit, que l'on appelle aussi « normes juridiques », forment les sources du droit de travail. Elles sont classées sous forme de pyramide, selon leur force.

Le principe de la hiérarchie des normes implique que toute norme de rang inférieur doit respecter les règles édictées par une norme de rang supérieur. Ainsi, un contrat de travail dans une entreprise hôtelière doit respecter la convention collective des hôtels, cafés, restaurants (HCR), qui elle-même doit respecter les règles issues de la loi.

- La **loi** impose des prescriptions générales applicables à tous les secteurs d'activité.
- Une **convention collective** est un accord conclu entre les syndicats de salariés, d'une part, et les syndicats d'employeurs (organisations patronales), d'autre part. Il détermine les conditions de travail d'une « branche professionnelle », c'est-à-dire d'un secteur d'activité.

Le rôle de la convention collective est d'adapter les dispositions générales relevant de la loi aux spécificités du secteur professionnel et de mettre en place des avantages supplémentaires pour les salariés.

- Les **accords d'entreprise** sont des accords négociés entre un employeur et les représentants des salariés au niveau de l'entreprise.
- Le **contrat de travail** contient différentes clauses qui viennent préciser les modalités particulières de la relation de travail entre l'employeur et le salarié, comme la rémunération ou la durée du travail, tout en respectant les règles imposées par la loi et la convention collective.

Le principe de faveur implique que l'on retient l'application de la règle la plus favorable au salarié, mais la loi prévoit qu'un accord d'entreprise peut être parfois défavorable au salarié.

JE COMPRENDS LE COURS

Lors de son entretien d'embauche, M. Jean a indiqué à Sébastien, futur commis au restaurant Les Frangins, qu'il serait payé au salaire minimum. Après quelques recherches sur Internet, Sébastien a trouvé les informations suivantes :
– SMIC légal au 1er janvier 2021 : 10,25 € brut de l'heure ;
– SMIC conventionnel des HCR au 1er janvier 2021 : 9,98 € brut de l'heure.

1. Déterminez quel sera le taux horaire applicable à Sébastien. Justifiez votre réponse.

....

2. La ministre du Travail annonce que le SMIC légal augmente de 2,2 %, ce qui le porte à 10,48 € brut de l'heure. Sébastien bénéficie-t-il de cette augmentation ?

....

2 Les obligations de l'employeur et du salarié

Les obligations de l'un deviennent des droits pour l'autre.

Obligations principales de l'employeur envers le salarié	Obligations principales du salarié envers l'employeur
– Lui fournir le travail convenu, les équipements et les moyens nécessaires pour le réaliser. – Le payer pour le travail accompli. – Veiller à sa santé et à sa sécurité. – Protéger sa dignité, notamment contre le harcèlement.	– Exécuter le travail convenu. – Suivre ses directives et les règles de discipline établies. – Respecter l'obligation de loyauté. – Respecter l'obligation de discrétion et de confidentialité.
L'employeur et le salarié doivent aussi respecter les différentes clauses prévues dans le contrat de travail.	

3 Les pouvoirs de l'employeur

L'employeur dispose d'un pouvoir de direction qui est celui de donner des ordres et des directives au salarié. Ainsi, dans les entreprises de 20 salariés et plus, l'employeur a l'obligation de rédiger un règlement intérieur. Le pouvoir de direction lui permet également de contrôler la bonne exécution des ordres donnés. Il est ainsi conduit à surveiller ses salariés et éventuellement à les sanctionner au titre de son pouvoir disciplinaire.
Dans l'exercice de son pouvoir de direction, l'employeur doit veiller :
– à ne fonder aucune de ses décisions sur un motif discriminatoire ;
– à respecter les droits et les libertés individuelles des salariés.

III. Les différents contrats de travail en hôtellerie-restauration

1 Le contrat de travail à durée indéterminée (CDI)

Le CDI est la forme normale du contrat de travail. Si l'employeur souhaite conclure avec le salarié une autre forme de contrat, il doit vérifier que les conditions requises sont remplies.
Le CDI peut être conclu à temps complet comme à temps partiel, et il est sans limite de durée.

2 Le contrat de travail à durée déterminée (CDD)

Le CDD est conclu entre l'employeur et le salarié pour une durée limitée.
Il ne peut être conclu que pour l'exécution d'une tâche précise et temporaire, dans les cas prévus par la loi. Il est interdit d'embaucher des salariés en CDD pour remplacer des grévistes.

Principaux cas de recours autorisés	
– Remplacement d'un salarié absent – Accroissement temporaire de l'activité de l'entreprise	– Emplois saisonniers (voir III. 3) – Emplois d'usage (voir III. 4)

La durée maximale du CDD est de 18 mois en principe. Le renouvellement du CDD est possible deux fois, dans la limite de 18 mois au total, durée initiale et renouvellements inclus.
Lorsqu'il s'agit du remplacement d'un salarié absent, le contrat ne contient pas de terme précis et dure jusqu'au retour de celui-ci.
À la fin d'un CDD, l'employeur doit respecter le délai de carence, c'est-à-dire une certaine durée, avant de pouvoir à nouveau proposer un CDD sur le même poste.
Le salarié perçoit en fin de contrat la prime de précarité, qui est une indemnité égale à 10 % de la rémunération brute perçue sur toute la durée du CDD, ainsi que l'indemnité de congés payés.
Si le salarié constate que les règles du CDD n'ont pas été respectées par l'employeur, il peut saisir la justice pour demander la requalification de son CDD en CDI et obtenir le versement de dommages et intérêts.

JE COMPRENDS LE COURS

- **Indiquez, pour chaque situation, le cas de recours autorisé qui justifie le recours au CDD.**

Situations	Cas de recours au CDD
Andréa, serveur, vient renforcer l'équipe du traiteur O'Bulles, qui doit servir 200 personnes pendant 2 jours lors de la Golf'Cup.	....
Kerian est embauché du 1er juin au 30 septembre dans l'hôtel Les Mimosas, sur la Côte d'Azur.	....
Justine, serveuse à La Taverne grecque, attend son premier enfant. Elle va bientôt partir en congé maternité.	....
Le traiteur O'Bulles vient d'engager Iskandar comme cuisinier pour renforcer l'équipe lors des fêtes de fin d'année.	....

3 Le contrat saisonnier

Le contrat saisonnier est une forme particulière de CDD prévue par la loi, qui le définit comme un contrat conclu pour des tâches appelées à se répéter chaque année à des dates à peu près fixes en fonction du rythme des saisons.
La convention collective des HCR prévoit des règles spécifiques pour le secteur :
– durée minimale du contrat : 1 mois ;
– durée maximale : 9 mois, deux renouvellements inclus ;
– possibilité de reporter les jours de repos des travailleurs saisonniers.
Au bout de trois saisons entières consécutives, le contrat saisonnier est requalifié en CDI.
À la fin de son contrat, le saisonnier perçoit l'indemnité de congés payés mais pas la prime de précarité.

4 Le contrat d'extra

Le contrat d'extra est un contrat d'usage, c'est-à-dire un contrat temporaire permis par la convention collective des HCR qui définit les règles suivantes :
– un extra est engagé pour une mission qui peut aller de quelques heures à plusieurs jours consécutifs ;
– un extra qui effectuerait plus de 60 jours de travail par trimestre dans le même établissement peut demander la requalification de son contrat en CDI.

Le recours à ce type de contrat doit répondre à un besoin ponctuel de l'entreprise, en aucun cas à un emploi régulier.
En fin de contrat, l'extra perçoit l'indemnité de congés payés mais pas la prime de précarité.

JE COMPRENDS LE COURS

1. Différenciez le CDD, le contrat saisonnier et le contrat d'extra.

....

....

....

2. Expliquez pourquoi il est préférable pour l'employeur de recourir à un extra ou à un saisonnier plutôt qu'à un CDD quand cela est possible.

....

....

....

APPLICATIONS

1. Analyser un contrat de travail

DOCUMENT Exemple de contrat de travail dans le secteur de l'hôtellerie-restauration

CONTRAT DE TRAVAIL À DURÉE INDÉTERMINÉE	**N° clause**
Entre : La société CALIFORNIA CANTEEN, SARL au capital de 10 000 euros, située 3 place Dauphine à 67000 STRASBOURG, l'employeur, d'une part, Et : M. Jonathan SIMON, né le 10 août 1993, de nationalité française, immatriculé à la Sécurité sociale sous le n° 1930867544298 06, demeurant 20 rue des Coquelicots à 67000 STRASBOURG, le salarié, d'autre part,	**1**
IL A ÉTÉ ÉTABLI LE PRÉSENT CONTRAT DE TRAVAIL, réglementé par la convention collective nationale du 30 avril 1997.	**2**
M. SIMON est embauché en qualité de chef de rang, correspondant à la classification niveau III, échelon 1, catégorie « Employés ».	**3**
Cette fonction sera exercée au sein de l'établissement CALIFORNIA CANTEEN, situé rue des Frères à Strasbourg.	**4**
Il est convenu que, compte tenu de la nature de son activité et des nécessités de l'entreprise, il pourra être amené à changer de lieu de travail dans le département du Bas-Rhin (67).	**A**
M. SIMON est engagé à compter du 1er avril N pour une durée indéterminée.	**5**
Le présent contrat ne deviendra définitif qu'à l'issue d'une période d'essai de 2 mois, pendant laquelle chacune des parties pourra mettre fin au contrat, sans préavis ni indemnité. Toute suspension qui se produirait pendant la période d'essai (maladie, congés…) prolongerait d'autant la durée de cette période. En cas de renouvellement de la période d'essai, un accord écrit devra être établi.	**6**
La durée du travail est établie à 39 heures hebdomadaires, soit 169 heures par mois. M. SIMON a droit à 2 jours de repos hebdomadaires dans les conditions prévues par la convention collective des HCR.	**7**
En rémunération de ses services, M. SIMON percevra un salaire mensuel brut de 1 980 € (mille neuf cent quatre-vingts euros), auquel s'ajoutera l'avantage en nourriture.	**8**
M. SIMON bénéficiera de 2,5 jours ouvrables de congés payés par mois de travail effectif, auxquels peuvent s'ajouter des jours de congés supplémentaires dans les conditions prévues par l'accord d'entreprise du 20 septembre 2021.	**9**
À l'issue de son contrat de travail, et quelle que soit la cause de la rupture, le salarié s'engage à ne pas exercer une activité concurrente à celle de l'entreprise, soit pour son propre compte, soit pour celui d'une autre entreprise. Cette obligation de non-concurrence est d'une durée de 6 mois. Cette obligation est limitée à la zone géographique de l'Eurométropole de Strasbourg pour l'activité de service en restauration. En contrepartie de cette obligation de non-concurrence, le salarié percevra une indemnité forfaitaire égale à 3 mois de salaire.	**B**
Les cotisations de Sécurité sociale sont versées à l'URSSAF de Strasbourg sous le n° 470223125. M. SIMON est affilié à la caisse de retraite complémentaire CRV* et à la mutuelle complémentaire santé.	**10**
Fait en double exemplaire, le 1er mars N, à Strasbourg.	
* CRV : caisse des retraites pour la vieillesse	

1 Relever les mentions obligatoires du contrat de travail qui figurent dans les clauses numérotées de 1 à 10.

2 Repérer les caractéristiques de la période d'essai. À partir de recherches sur Internet, indiquer si la durée de la période d'essai est la même pour tous les salariés.

3 Identifier la nature des clauses A et B ainsi que leurs caractéristiques.

4 Relever les obligations de l'employeur et du salarié.

5 Rappeler les conditions dans lesquelles le contrat de travail doit être remis au salarié.

2. Repérer les sources du droit du travail

DOCUMENT 1 **L'accord d'entreprise California Canteen**

Le 20 septembre 2021, au terme de négociations ayant duré plusieurs semaines, les représentants des salariés de la société California Canteen et son dirigeant ont signé un accord d'entreprise qui prévoit, notamment, des rémunérations supérieures de 5 % aux minima prévus par la convention collective ainsi que 2 jours de congés supplémentaires par an à partir de 2 ans d'ancienneté dans l'entreprise.

DOCUMENT 2 **Quelques règles du droit du travail selon leur origine**

Dispositions légales Code du travail	Dispositions conventionnelles Convention collective des HCR du 30 décembre 1997
Salaire minimum légal (SMIC)	Salaire minimum conventionnel
Durée hebdomadaire du travail : 35 heures	Durée hebdomadaire du travail : 39 heures
Durée de la période d'essai (règle impérative) : – Employés : 2 mois renouvelables – Agents de maîtrise : 3 mois renouvelables – Cadres : 4 mois renouvelables	Durée de la période d'essai : – Employés : 1 mois renouvelable – Agents de maîtrise : 2 mois renouvelables – Cadres : 3 mois renouvelables
Repos hebdomadaire : 1 jour de repos par semaine	Repos hebdomadaire : 2 jours de repos non consécutifs par semaine
Congés payés : 2,5 jours par mois de travail	Congés payés : 2,5 jours par mois de travail
Affiliation au régime de Sécurité sociale	Affiliation aux régimes complémentaires de retraite et de santé

DOCUMENT 3 **Calcul du salaire minimal conventionnel**

D'après la grille de salaire établie par l'avenant n° 28 du 13 avril 2018 à la convention collective des HCR, un salarié dont l'emploi est classé niveau III, échelon 1 doit percevoir un salaire minimum de 1 820 € brut pour une durée hebdomadaire de travail de 39 heures par semaine.

Reprendre le contrat de travail présenté dans l'application 1 et classer les clauses selon qu'elles relèvent de l'application d'une disposition légale, d'une disposition conventionnelle ou négociée par accord d'entreprise ou d'une négociation directe entre le salarié et l'employeur.

3. Distinguer les différents contrats de travail

L'entreprise de restauration California Canteen doit embaucher prochainement plusieurs personnes.

Indiquer, pour chacune des situations suivantes, le contrat de travail le plus adapté, en justifiant votre réponse.

1. L'entreprise doit pourvoir au remplacement de Sarah, cuisinière, qui a posé 2 semaines de congés payés.

2. Pour satisfaire la forte demande lors du marché de Noël, le restaurant du quartier de la cathédrale a besoin de deux serveurs supplémentaires tous les week-ends du mois de décembre.

3. M. Karim, chef de rang depuis l'ouverture du restaurant, part à la retraite et doit être remplacé.

4. Un restaurant éphémère va être ouvert dans la célèbre station de ski de Val d'Isère du 15 décembre au 15 avril et nécessite l'embauche de 6 salariés pour son fonctionnement.

5. Le restaurant California Canteen de Mulhouse doit recruter un commis de cuisine tous les vendredis et samedis soir pour renforcer son équipe lors de ces soirées de forte activité.

APPLICATIONS

4. Caractériser le contrat de travail

DOCUMENT **Extraits du Code du travail**

Article L1242-10

Le contrat de travail à durée déterminée peut comporter une période d'essai.
[...] Cette période d'essai ne peut excéder une durée calculée à raison d'un jour par semaine, dans la limite de deux semaines lorsque la durée initialement prévue au contrat est au plus égale à six mois et d'un mois dans les autres cas.
Lorsque le contrat ne comporte pas de terme précis, la période d'essai est calculée par rapport à la durée minimale du contrat.

Article L1243-2

[...] Le contrat de travail à durée déterminée peut être rompu avant l'échéance du terme à l'initiative du salarié, lorsque celui-ci justifie de la conclusion d'un contrat à durée indéterminée.
Sauf accord des parties, le salarié est alors tenu de respecter un préavis dont la durée est calculée à raison d'un jour par semaine compte tenu :
1° De la durée totale du contrat incluant, le cas échéant, son ou ses deux renouvellements, lorsque celui-ci comporte un terme précis ;
2° De la durée effectuée lorsque le contrat ne comporte pas un terme précis.
Le préavis ne peut excéder deux semaines.

Joël, commis de cuisine en CDI au sein du restaurant California Canteen du quartier de la cathédrale à Strasbourg, vient de terminer son congé de paternité d'une durée de 28 jours. Pour le remplacer, son employeur a embauché Yasmine, rémunérée 1 800 € brut par mois. Joël vient de lui annoncer qu'il va prolonger son absence par un congé parental d'éducation d'une durée d'un an pour élever son premier enfant.

1 **Déterminer quel est le contrat de travail approprié pour le remplacement de Joël. Justifier votre réponse.**

2 **Le contrat de travail de Yasmine contiendra-t-il une date de fin précise ? Aura-t-il besoin d'être renouvelé ? Justifier votre réponse.**

3 **Calculer la durée de la période d'essai du contrat de travail de Yasmine.**

4 **Calculer le montant de la prime de précarité que devrait percevoir Yasmine à la fin de son contrat de travail.**

5 **Au bout de 14 semaines, Yasmine annonce au directeur du restaurant qu'elle souhaite quitter son poste. Dans quelles conditions est-ce possible ?**

L'établissement dispose d'une terrasse ouverte de mars à septembre. Son fonctionnement nécessite le recrutement d'un serveur supplémentaire, Karim, durant les mois de juillet et d'août. Le beau temps étant de la partie, le directeur du restaurant décide de prolonger l'ouverture de la terrasse jusqu'à fin octobre et de prolonger le contrat de Karim.

6 **Indiquer quel est le contrat de travail adéquat pour l'embauche de Karim. Justifier votre réponse.**

7 **Déterminer la durée de la période d'essai du contrat de travail de Karim.**

8 **Le contrat de travail de Karim pourra-t-il être renouvelé de semaine en semaine ? Pourquoi ? Justifier votre réponse.**

9 **Calculer le montant de la prime de précarité que percevra Karim, sachant qu'il est rémunéré 1 930 € brut par mois et qu'il a travaillé jusqu'à la fermeture de la terrasse.**

FICHE DE SYNTHÈSE

Quel cadre juridique pour la relation salariale ?

1 Définition du contrat de travail

Contrat de travail :

....

....

Éléments constitutifs

....	....	....
....	....	....

Statut de salarié
≠ statut de travailleur indépendant

2 Sources du droit du travail

Constitution
Liberté syndicale, droit de grève

Traités internationaux
....

Lois
....

....
Conditions de travail dans un secteur d'activité ou une entreprise

....
Règles s'appliquant à la relation individuelle entre l'employeur et le salarié

FICHE DE SYNTHÈSE

3 Droits et obligations du salarié et de l'employeur

Salarié

Obligations envers l'employeur
- ....
- ....
- ....
- ....

Employeur

Pouvoirs
- ....
- ....

Obligations envers le salarié
- ....
- ....
- ....
- ....

4 Contrats de travail en hôtellerie-restauration

Plusieurs types de contrats de travail

CDI
- Durée : ....
- Conditions de rupture :

....

....

....

....

CDD
- Durée : ....

....
- Cas de recours :

....

....

....

....
- Indemnités en fin de contrat :

....

....

CDD particuliers

....
- Durée : de 1 mois à 9 mois (2 renouvellements inclus)
- Cas de recours : pour des tâches qui se répètent chaque année à des dates à peu près fixes
- Indemnité en fin de contrat : indemnité de congés payés

....
- Durée : de quelques heures à plusieurs jours consécutifs, sans excéder 60 jours de travail par trimestre
- Cas de recours : pour un besoin ponctuel
- Indemnité en fin de contrat : indemnité de congés payés

A

Acteurs institutionnels locaux du tourisme *(Chapitre 9)*
Personnes morales représentatives des entreprises du secteur du tourisme et des collectivités publiques (comités régionaux / départementaux du tourisme, offices de tourisme, syndicats d'initiative…).

Apports en capital *(Chapitre 3)*
Biens que les propriétaires consacrent à l'entreprise (fonds de commerce, matériels, sommes d'argent…). Ce sont des ressources au passif du bilan.

Autres approvisionnements *(Chapitre 6)*
Biens nécessaires à la production d'un bien ou d'un service mais qui ne rentrent pas directement dans la composition du produit fini (par exemple, les produits d'hygiène ou de nettoyage).

B

Besoin *(Chapitre 7)*
Le besoin recouvre tout ce qui est nécessaire à un être humain. C'est également un sentiment de manque que l'on cherche à combler.

C

Chiffre d'affaires *(Chapitre 4)*
Montant des ventes (hors taxes) pendant une période donnée. C'est aussi le produit des quantités vendues par le prix unitaire.

Client *(Chapitre 7)*
Personne qui achète ou commande des services moyennant rétribution.

Comportement *(Chapitre 7)*
Manière d'être, d'agir ou de réagir.

Concurrence *(Chapitre 5)*
Rivalité entre plusieurs personnes, plusieurs forces poursuivant le même but. Forme d'organisation d'un marché avec une multitude d'offreurs et une multitude de demandeurs (libre concurrence). Le prix résulte de la confrontation entre l'offre et la demande.

Concurrence directe *(Chapitre 8)*
Entreprise(s) qui propose(nt) les mêmes biens ou services sur une zone de chalandise donnée.

Concurrence indirecte *(Chapitre 8)*
Entreprise(s) qui propose(nt) des biens ou des services différents mais répondant aux mêmes besoins ou qui se trouve(nt) sur une autre zone de chalandise.

Contrat à durée déterminée (CDD) *(Chapitre 11)*
Contrat de travail par lequel un employeur recrute un salarié pour l'exécution d'une tâche précise et temporaire, et seulement dans les cas énumérés par la loi applicable dans certaines conditions : remplacement d'un salarié absent, activité par nature saisonnière, besoin ponctuel de main-d'œuvre en raison d'un surcroît temporaire d'activité.

Contrat à durée indéterminée (CDI) *(Chapitre 11)*
Contrat de travail de droit commun qui est la forme normale et générale de la relation de travail. Par définition, il ne prévoit pas la date à laquelle il prend fin.

Contrat de travail *(Chapitre 11)*
Accord par lequel un salarié fournit un travail et se soumet à la subordination de son employeur en contrepartie d'une rémunération.

Contrat d'extra *(Chapitre 11)*
Contrat à durée déterminée (de quelques heures à quelques jours) établi pour un surcroît très temporaire de l'activité (par exemple, pour une soirée événementielle).

Contrat saisonnier *(Chapitre 11)*
Contrat à durée déterminée pour une saison de 1 à 9 mois de forte activité. Il est limité aux entreprises ayant une activité par nature saisonnière.

Convive *(Chapitre 7)*
Invité. Personne qui participe à un repas.

Coût *(Chapitre 4)*
Somme de charges.

Coût d'achat *(Chapitre 6)*
Somme des charges liées à un achat : prix d'achat, frais de livraison et de transport ou de mise en service…

D

Délai *(Chapitre 6)*
Temps nécessaire à l'exécution d'une prestation : délai de livraison, délai de paiement.

Demande *(Chapitre 5)*
Action de faire savoir ce que l'on désire, souvent résumée en économie par la quantité de biens ou de services qu'un consommateur souhaite acheter.

Dividendes *(Chapitre 3)*
Somme versée à chaque actionnaire en rémunération du capital de la société. C'est une part du résultat de l'exercice comptable que l'entreprise décide de verser.

Documents commerciaux *(Chapitre 6)*
Documents échangés entre un vendeur et un acheteur. Certains sont facultatifs (devis, bon de commande, bon de livraison) et d'autres obligatoires (ticket ou note, facture).

Droit *(Chapitre 11)*
Ensemble des règles qui régissent les rapports des membres d'une même société (par exemple, un majeur capable a le droit de travailler en France).

Droits de l'employeur *(Chapitre 11)*
L'employeur a le droit de fixer les horaires de travail et les dates des congés payés, de définir l'organisation du travail (plannings)...

Droits du salarié *(Chapitre 11)*
Le salarié a le droit de percevoir une rémunération, de se syndiquer ou d'être représenté (selon la taille de l'entreprise) par un délégué du personnel. Il bénéficie de congés payés légaux (2,5 jours par mois travaillé) et du droit de se reposer (11 heures entre 2 jours travaillés, 2 jours de repos hebdomadaires).

E

Éléments constitutifs du contrat de travail *(Chapitre 11)*
Trois éléments doivent être réunis pour constituer un contrat de travail : un poste, une rémunération et un lien de subordination entre l'employeur et son salarié.

Emprunt bancaire *(Chapitre 3)*
Contrat par lequel une personne (le prêteur) remet une somme d'argent à une autre (l'emprunteur) en contrepartie du paiement d'intérêts. L'emprunteur s'engage à rembourser progressivement l'argent prêté et verse au prêteur des intérêts sur le capital qu'il lui reste à rembourser.

Entreprise commerciale *(Chapitre 1)*
Entreprise qui vend des biens ou des services sans les avoir transformés mais en les ayant mis à disposition.

Entreprise de chaîne *(Chapitre 1)*
Entreprise qui a choisi d'adhérer à un groupe avec une enseigne, une marque et une identité communes.

Entreprise indépendante *(Chapitre 1)*
Entreprise qui agit seule, qui est libre de prendre ses décisions, sans contrainte.

Entreprise individuelle *(Chapitre 1)*
L'entreprise et l'entrepreneur ne font qu'un. Ce dernier est responsable des dettes de l'entreprise sur ses biens personnels.

Entreprise industrielle *(Chapitre 1)*
Entreprise qui transforme des matières premières en produits finis pour les vendre.

Entreprise internationale *(Chapitre 1)*
Entreprise qui est présente sur une zone de chalandise dépassant le territoire national.

Entreprise nationale *(Chapitre 1)*
Entreprise dont le siège social est basé dans son pays et dont la zone de chalandise ne dépasse pas les frontières du territoire.

Entreprise privée *(Chapitre 1)*
Entreprise indépendante de l'État. Son capital est apporté par un individu ou des associés ou actionnaires privés.

Entreprise publique *(Chapitre 1)*
Entreprise qui appartient à l'État ou dont l'État influence la gestion.

F

Facteurs de production *(Chapitre 4)*
Moyens nécessaires pour produire un bien ou un service. On distingue les moyens matériels durables (four, table, bâtiment...), non durables (consommations intermédiaires, approvisionnements en denrées) et humains (personnel, propriétaire).

Frein *(Chapitre 7)*
C'est ce qui empêche d'agir (par exemple, ce qui rebute un client à consommer un plat).

G

Grande entreprise (GE) *(Chapitre 1)*
Entreprise de 500 salariés au moins.

I

Image *(Chapitre 6)*
Façon dont l'entreprise est perçue par ses parties prenantes (par exemple, un établissement de restauration rapide n'a pas la même image qu'un restaurant gastronomique).

Indicateurs commerciaux *(Chapitre 7)*
Outils de mesure et d'analyse de l'activité commerciale d'une entreprise (par exemple, pour un hôtel, la performance des ventes est mesurée par les indicateurs suivants : taux d'occupation, indice de fréquentation, prix moyen par chambre louée…).

Intérêts *(Chapitre 3)*
En finance, les intérêts sont calculés selon un taux négocié lors de la signature du contrat d'emprunt. C'est le montant que l'emprunteur paye en plus du remboursement en capital. Les intérêts représentent un coût, une charge financière pour l'emprunteur. Le coût d'un emprunt est la somme des intérêts qui seront payés.

M

Marchandises *(Chapitre 6)*
Biens achetés par une entreprise et revendus en l'état, c'est-à-dire sans transformation (par exemple, une bouteille vendue non débouchée et sans service au verre).

Marché *(Chapitre 5)*
Lieu de rencontre entre l'offre et la demande d'un bien ou d'un service, où se fixe le prix.

Marché amont (fournisseurs) *(Chapitre 5)*
Marché situé en amont de la production de l'entreprise sur lequel elle achète des biens et/ou des services nécessaires à sa production. L'entreprise y est demandeuse.

Marché aval (clients) *(Chapitre 5)*
Marché sur lequel l'entreprise offre et vend ses prestations principales et ses services accessoires. Elle est en concurrence avec d'autres offreurs.

Matières premières *(Chapitre 6)*
Biens utilisés et transformés (consommés) pour produire un produit fini ou un service (par exemple, les pommes de terre sont des matières premières pour produire des frites).

Mobilité professionnelle *(Chapitre 10)*
Changement dans les modalités d'une activité professionnelle (par exemple, le fait de se déplacer pour trouver un emploi : mobilité géographique, ou de bénéficier d'un nouveau poste dans une même entreprise : mobilité interne). C'est aussi un changement d'employeur pour bénéficier d'une évolution de carrière vers plus de responsabilités ou un meilleur salaire (mobilité externe).

Monopole *(Chapitre 5)*
Organisation de marché avec un seul offreur et une multitude de demandeurs. Le prix est fixé par l'offreur en tenant compte des contraintes de la demande.

Motivation *(Chapitre 7)*
Ce qui pousse quelqu'un à agir (par exemple, ce qui motive un client à acheter un bien, un salarié à travailler).

O

Obligation *(Chapitre 11)*
Devoir, contrainte imposés (par exemple, l'employeur a l'obligation de rémunérer ses salariés).

Obligations de l'employeur *(Chapitre 11)*
L'employeur doit payer ses salariés à la fin de chaque mois travaillé. Il doit respecter leur vie privée.

Obligations du salarié *(Chapitre 11)*
Le salarié doit travailler aux heures convenues, respecter les règles d'hygiène et de sécurité ainsi que le règlement intérieur de l'entreprise, faire preuve de discrétion sur les secrets de l'entreprise. Il doit aussi obéir aux ordres et aux directives imposées par l'employeur (subordination).

Offre *(Chapitre 5)*
Quantité de biens ou de services disponibles sur un marché.

Offre commerciale *(Chapitre 8)*
Ensemble de biens ou de services proposés à la vente à un prix fixé par le vendeur.

Oligopole *(Chapitre 5)*
Organisation d'un marché avec quelques offreurs et une multitude de demandeurs. Le prix est fixé essentiellement par la confrontation entre les quelques offreurs, mais en tenant compte des contraintes de la demande.

P

Parties prenantes internes / externes *(Chapitre 2)*
Personnes qui interagissent avec l'entreprise. En interne, dans l'entreprise : les dirigeants et les associés, apporteurs de capitaux, et le personnel. En externe : les clients, les fournisseurs, les concurrents, les pouvoirs publics, les banques, les associations.

Personnalité juridique *(Chapitre 1)*
Capacité à être sujet de droit. Une personne juridique est caractérisée par un nom ou une dénomination sociale, une adresse ou un siège social, une date de naissance ou de création, une inscription au registre de l'état civil ou au registre du commerce et des sociétés. Elle a des droits mais aussi des obligations. Il existe des personnes physiques et des personnes morales.

Petite et moyenne entreprise (PME) *(Chapitre 1)*
Entreprise de 10 à moins de 500 salariés.

Polyvalence *(Chapitre 10)*
Détenir des compétences dans plusieurs domaines.

Principales sources du droit du travail *(Chapitre 11)*
Les sources de droit sont hiérarchisées : Constitution française, droit international et droit communautaire, lois françaises, accords collectifs nationaux (par exemple, la convention collective des HCR), accord d'entreprise, contrat de travail, usages et coutumes. Aujourd'hui, cette hiérarchie change : dans certains cas, les conventions collectives ou accords d'entreprise priment sur certaines lois communes.

Prix *(Chapitre 5)*
Valeur marchande d'un bien ou d'un service. Le prix dépend de l'offre et de la demande sur le marché.

Prix d'achat *(Chapitre 6)*
Valeur d'acquisition d'un bien ou d'un service.

Prix moyen *(Chapitre 7)*
Rapport entre le chiffre d'affaires (CA) et les quantités vendues (CA / nombre de chambres louées, CA / nombre de repas servis…).

Produit *(Chapitre 8)*
Richesse créée par une entreprise. Un produit peut être vendu, stocké, immobilisé ou consommé. Les produits consommés regroupent les offerts aux clients et les repas du personnel.

Produit touristique *(Chapitre 9)*
Ensemble de prestations touristiques : hébergement, restauration, transports, visites.

Q

Qualité *(Chapitre 6)*
Perception difficilement mesurable d'un bien ou d'un service, qui donne une valeur plus ou moins importante, une appréciation plus ou moins positive du bien ou du service consommé. L'appréciation de la qualité des services est très subjective : elle dépend de chaque client.

R

Relations hiérarchiques *(Chapitre 10)*
Dans une entreprise, les responsables encadrent leurs subordonnés. Les employés doivent obéir aux directives de leurs supérieurs hiérarchiques.

Responsabilité sociétale de l'entreprise (RSE) *(Chapitre 4)*
L'entreprise est responsable : sur un plan économique quand elle crée de la richesse, des emplois directs et indirects, quand elle participe à la vie économique locale; sur un plan social quand elle améliore les conditions de travail de son personnel; sur un plan environnemental quand elle préserve les ressources naturelles et limite son impact sur l'environnement.

Ressources externes *(Chapitre 3)*
Ressources apportées par les parties prenantes externes : ce sont les emprunts bancaires et les dettes à court terme.

Ressources internes *(Chapitre 3)*
Ressources apportées par les propriétaires ou créées par l'entreprise. Le résultat annuel est une ressource interne.

S

Saisonnalité *(Chapitre 10)*
Caractère de ce qui est propre à une saison ou à une période de l'année. Les métiers de l'hôtellerie-restauration sont souvent soumis à une forte saisonnalité, avec des périodes plus ou moins longues de forte et de faible activité (été / hiver, semaine / week-end).

Services associés *(Chapitre 8)*
Prestations accessoires proposées en complément des prestations principales (par exemple, en hôtellerie, le room service est un service associé aux nuitées vendues).

Société *(Chapitre 1)*
Personne morale. Son capital est détenu par un ou plusieurs associés. Dans ce cas, l'entreprise sociétaire est une personne morale distincte de celle de ses associés. Le risque est faible en cas de difficulté. La responsabilité des associés est en général limitée au montant de leurs apports.

Spécialisation *(Chapitre 10)*
Action de rendre quelqu'un compétent dans un métier ou un domaine particulier (par exemple, les desserts dans la cuisine d'un restaurant).

Structure de marché *(Chapitre 5)*
Mode de fonctionnement et d'organisation du marché. Le marché peut être organisé en monopole, en oligopole ou être concurrentiel.

Système d'information mercatique *(Chapitre 7)*
Ensemble des moyens matériels, immatériels, humains et des procédures mobilisés pour acquérir, stocker, traiter et communiquer des informations commerciales.

T

Taux de fréquentation *(Chapitre 7)*
Rapport entre le nombre de couverts servis et la capacité du restaurant.

Taux d'occupation *(Chapitre 7)*
Rapport entre le nombre de chambres louées et le nombre de chambres disponibles.

Taxe sur la valeur ajoutée (TVA) *(Chapitre 6)*
Pourcentage du prix hors taxes (HT) qui s'ajoute au montant HT pour former le prix de vente toutes taxes comprises (TTC). L'entreprise collecte la TVA sur ses ventes ; en échange, elle peut déduire la TVA qu'elle paie sur ses achats. En fin de période (en général, le mois), elle reverse à l'État la différence entre la TVA collectée et la TVA déductible. La TVA n'a aucune incidence sur la performance de l'entreprise : tous les produits et toutes les charges sont comptabilisés pour leur montant HT au compte de résultat de l'exercice comptable.

Tourisme *(Chapitre 9)*
Action de se rendre dans un lieu différent de son lieu habituel de résidence.

Touriste *(Chapitre 9)*
Personne se trouvant dans un lieu différent de son lieu de résidence pour différents motifs (affaires, loisirs…). On distingue l'excursionniste de passage du touriste qui séjourne au moins une nuit dans le lieu.

Travail en équipe *(Chapitre 10)*
Fait de travailler ensemble, à plusieurs (par exemple, une brigade de cuisine).

Très petite entreprise (TPE) *(Chapitre 1)*
Entreprise de moins de 10 salariés.

Types de contrats de travail en vigueur dans le secteur *(Chapitre 11)*
En hôtellerie-restauration, il est courant de conclure des CDI à temps plein de 39 heures prévus dans la convention collective nationale des cafés, hôtels et restaurants. Ces CDI peuvent également être à temps partiel, éventuellement annualisé. La convention collective nationale prévoit 2 types de CDD dans la branche professionnelle : les contrats saisonniers et les contrats d'extra.

U

Usager *(Chapitre 7)*
Personne qui consomme un service public, sans le payer totalement ou directement. Les ménages sont des usagers des services publics, qu'ils payent indirectement à travers les taxes foncières et la TVA, par exemple.

V

Valeur ajoutée *(Chapitre 4)*
Différence entre la valeur de la production et la valeur des consommations intermédiaires utilisées pour produire.

Z

Zone de chalandise *(Chapitre 8)*
Zone géographique d'où provient la majorité des clients.

Crédits photographiques

Les photos se lisent de gauche à droite et de haut en bas.

p. 7 : WavebreakMediaMicro – stock.adobe.com ; CandyBox Images – stock.adobe.com ; carles – stock.adobe.com ; New Africa – shutterstock.com ; **p. 16 :** Africa Studio – shutterstock.com ; **p.19 :** Africa Studio – shutterstock.com ; kodis – stock.adobe.com ; Tupungato – shutterstock.com ; HILTS – stock.adobe.com ; FERNANDO BLANCO CALZADA – shutterstock.com ; **p. 24 :** © Nathanaël Simon ; **p. 25 :** EQRoy – shutterstock.com ; **p. 26 :** © Restaurant L'Osmose ; **p. 29 :** Tupungato – shutterstock.com ; **p. 30 :** SpiritProd33 – shutterstock.com ; **p. 34 :** © Château Fleur de Roques ; **p. 35 :** lamax – stock.adobe.com ; fizkes – stock.adobe.com ; PORNCHAI SODA – stock.adobe.com ; **p. 40 :** Ildi Papp – shutterstock.com ; **p. 44 :** uckyo – stock.adobe.com ; **p. 48 :** enchanted_fairy – shutterstock.com ; Maksim Safaniuk – shutterstock.com ; **p. 50 :** starush – stock.adobe.com ; **p. 53 :** gabriel12 – shutterstock.com ; **p. 54 :** rkl_foto – shutterstock.com ; kateafter – shutterstock.com ; Александр Чернышов – stock.adobe.com ; **p. 55 :** Arina P Habich – shutterstock.com ; **p. 57 :** chasdesign – shutterstock.com ; Bruno Bleu – shutterstock.com ; **p. 60 :** Zivica Kerkez – shutterstock.com ; **p. 63 :** aamulya – stock.adobe.com ; puthithon – stock.adobe.com ; GalinaSt – stock.adobe.com ; New Africa – stock.adobe.com ; **p. 64 :** bernardbodo – stock.adobe.com ; **p. 65 :** © Popotes, Cantine Respectueuse ; **p. 66 :** bigacis – stock.adobe.com ; **p. 73 :** © Pierre Lucet Renato ; **p. 77 :** Jacob Lund – shutterstock.com ; Monkey Business Images – shutterstock.com ; Massimo Todaro – shutterstock.com ; jaah.goncalves – shutterstock.com ; ekapolsira – stock.adobe.com ; **p. 81 :** Atlas – stock.adobe.com ; **p. 87 :** yu_photo – stock.adobe.com ; Taras Vyshnya – shutterstock.com ; https://www.bureaudepresseagro.com/wp-content/uploads/2015/07/bureaudepresseagro-metiers-rp-professionnelle-specialisee-900x800.jpg ; **p. 88 :** Bruno Bleu – stock.adobe.com ; **p. 89 :** Tero Vesalainen – shutterstock.com ; beats1 – shutterstock.com ; **p. 90 :** Sorbis – shutterstock.com ; **p. 93 :** dglimages – stock.adobe.com ; davit85 – stock.adobe.com ; pixindy – stock.adobe.com ; pressmaster – stock.adobe.com ; **p. 94 :** JanMika – stock.adobe.com ; **p. 97 :** efesenko – stock.adobe.com ; **p. 98 :** Maurice Lesca – stock.adobe.com ; **p. 99 :** Manigand-Labourayre – stock.adobe.com ; ArtEvent ET – stock.adobe.com ; **p. 100 :** M. Perfectti – stock.adobe.com ; **p. 101 :** teeraphan – stock.adobe.com ; Monkey Business – stock.adobe.com ; cafaphotos – stock.adobe.com ; giorgos245 – stock.adobe.com ; **p. 102 :** KB3 – stock.adobe.com ; Alex Tihonov – stock.adobe.com ; rilueda – stock.adobe.com ; Ariadna de Raadt – stock.adobe.com ; **p. 103 :** mh90photo – stock.adobe.com ; **p. 105 :** Rido – stock.adobe.com ; **p. 108 :** rh2010 – stock.adobe.com ; Genia – shutterstock.com ; **p. 109 :** https://www.gerardmer-reservation.net/sejour-en-territoire-lutin-3-jours-2-nuits.html ; **p. 110 :** borisblik – stock.adobe.com ; Cinematographer – stock.adobe.com ; Irina Fischer – stock.adobe.com ; VadimGuzhva – stock.adobe.com ; **p. 111 :** gamespirit – shutterstock.com ; Flamingo Images – stock.adobe.com ; Jag_cz – stock.adobe.com ; JackF – stock.adobe.com ; Oleg GawriloFF – shutterstock.com ; **p. 113 :** WavebreakMediaMicro – stock.adobe.com ; Monkey Business – stock.adobe.com ; stockyimages – stock.adobe.com ; **p. 116 :** dpVUE .images – stock.adobe.com ; **p. 120 :** TravelPhotography – stock.adobe.com ; **p. 121 :** Svitlana – stock.adobe.com ; **p. 122 :** Monkey Business – stock.adobe.com ; **p. 125 :** Tyler Olson – stock.adobe.com ; ESB Professional – shutterstock.com ; auremar – stock.adobe.com ; HJBC – shutterstock.com ; **p. 127 :** JJ – stock.adobe.com ; **p. 134 :** Onidji – stock.adobe.com ;

Infographies p. 8, 10, 11, 35, 58 et 95 : Vincent Landrin

Édition : Laëtitia Hugon
Coordination artistique : Lucas Cholewa
Conception couverture : Vincent Rioult
Mise en page : Alinea
Fabrication : Laura Milhomme

N° projet : 10279360 - Dépôt légal : Avril 2022
Achevé d'imprimer en Avril 2022 en Italie par L.E.G.O. S.p. A., Lavis (TN)